16,73

AF275040

EL SEGURO DE RENTA VITALICIA Y LA HERENCIA

EL SEGURO DE RENTA VITALICIA Y LA HERENCIA

Segunda edición

Antoni Vaquer Aloy

Catedrático de derecho civil de la Universidad de Lleida

Raquel Domingo Martínez

Abogada

Atelier
LIBROS JURÍDICOS

Colección: Esenciales del Derecho civil

Director:
Antoni Vaquer Aloy
Catedrático de Derecho civil de la Universitat de Lleida

© 2024 Antoni Vaquer Aloy, Raquel Domingo Martínez

© 2024 Atelier
    Santa Dorotea 8, 08004 Barcelona
    e-mail: editorial@atelierlibros.es
    www.atelierlibrosjuridicos.com
    Tel. 93 295 45 60

I.S.B.N.: 978-84-10174-53-5
Depósito legal: B 11065-2024

Impresión: Podiprint

SUMARIO

ABREVIATURAS

art., arts.	Artículo, artículos
BOE	Boletín Oficial del Estado
CC	Código Civil
CCCat	Código Civil de Cataluña
CE	Constitución española
CFA	Código de Derecho Foral de Aragón
coord.	Coordinador
dir.	Director
ed.	Edición
FN	Compilación del Derecho civil foral de Navarra o Fuero Nuevo
LCS	Ley 50/1980, de 8 de octubre, del Contrato de Seguro
LDCG	Ley 6/2006, de 14 de junio, de Derecho Civil de Galicia
LDCV	Ley 5/2015, de 25 de junio, de Derecho Civil Vasco
p., pp.	Página, páginas
RJ	Repertorio de Jurisprudencia Westlaw-Aranzadi
Roj	Repertorio Oficial de Jurisprudencia (Cendoj)
SAN	Sentencia de la Audiencia Nacional

SAP	Sentencia de Audiencia Provincial
sec.	Sección
ss	siguientes
STS	Sentencia del Tribunal Supremo
STSJ	Sentencia del Tribunal Superior de Justicia
TS	Tribunal Supremo
TSJ	Tribunal Superior de Justicia

INTRODUCCIÓN

El seguro de renta vitalicia constituye un supuesto de contrato atípico complejo de una gran trascendencia económica en la actualidad como medio alternativo tanto de ahorro como de trasmisión intergeneracional de riqueza. Según datos de UNESPA, a fecha 31 de diciembre de 2022 las provisiones técnicas de seguros de rentas vitalicias y temporales en España alcanzaron la cifra de 87.634,54 millones de euros y el número de personas aseguradas llegó a resultar en más de un millón y medio (en concreto, 1.637.595 personas), suponiendo un incremento interanual del 8,37%[1]. El auge de este producto, en especial en su modalidad de renta vitalicia inmediata, se explica por dos motivos. El primero es el trato fiscal favorable que reciben las rentas que se perciben periódicamente, puesto que un porcentaje de ellas, que se incrementa con la edad del tomador y que es muy significativo a partir de los setenta años de edad, está exento de tributación en función de la edad del perceptor de la renta[2]. El segundo motivo es la mayor remuneración para el ahorrador que contrata este producto.

---

1.   Fuente: UNESPA https://www.unespa.es/main-files/uploads/2023/02/NdP-Seguro-de-vida-Q4-2022-FINAL.pdf.
2.   Véase el art. 25.3.a.2° de la Ley 35/2006, de 28 de noviembre, del Impuesto sobre la Renta de las Personas Físicas.

En efecto, se trata de una modalidad de ahorro en la medida en que, mediante una aportación única de capital (prima única), el cliente se asegura la percepción de una renta en forma de intereses mensuales de manera vitalicia; unos intereses que, además, al no tratarse de un producto propiamente bancario, por la incorporación del seguro, son más elevados que los que percibe un ahorrador que coloca su dinero en una imposición a plazo, y que no tienen la volatilidad de los productos financieros ligados más o menos directamente a la evolución de las cotizaciones bursátiles. De ahí que sus principales tomadores sean personas de cierta edad, en especial ancianas, que son las que gozan de una mejor fiscalidad. La contrapartida es la habitual imposibilidad del rescate del capital en vida del tomador, por lo que se designa un beneficiario que lo percibe cuando aquel fallece.

El carácter vitalicio que se acaba de indicar, y en el que se insistirá a continuación, permite observar la segunda faceta del seguro de renta vitalicia: opera como un mecanismo de trasmisión intergeneracional de la riqueza alternativo a la herencia —sea esta testamentaria, paccionada o abintestato—. Un segundo atractivo de la figura radica en que el contratante puede designar al beneficiario o a los beneficiarios que, a su fallecimiento, obtendrán el capital asegurado, que, por lo general, es el capital aportado en forma de prima única más una leve revalorización. El seguro de renta vitalicia supone que, al fallecimiento de la persona asegurada, el capital garantizado por la aseguradora se entrega a un beneficiario, como se verá, con independencia de la suerte que siga la herencia. Desde esta perspectiva, el seguro de renta vitalicia se constituye en un cauce extratestamentario de trasmisión voluntaria de la riqueza tras el fallecimiento, en la medida en que, según se analiza en el capítulo segundo, la persona que contrata el seguro de renta vitalicia —el tomador— puede designar a la persona beneficiaria del capital a su muerte. Esta idea, que ya anticipara en España Condomines Valls[3], se ha hiperdesarrollado en Estados Unidos, donde se ha acuñado la denominación «will substitutes». Condomines Valls presentaba el contrato de seguro —en general, no la modalidad de seguro de renta vitalicia que por entonces no estaba evolucionado— como «forma cada vez más extendida de sucesión paccionada», mediante la designación de los beneficiarios, lo que a la par, notaba quien fuera decano del Colegio de Abogados de Barcelona, evitaba el pago del entonces impuesto sobre derechos reales. En Estados Unidos, Langbein[4], en un artículo que cosechó una enorme notoriedad, se refirió a una verdadera «non-probate revolution», intentando subrayar la pérdida de relevancia del derecho de sucesiones como mecanismo de trasmisión intergeneracional de la riqueza. El profesor estadounidense agrupó en cuatro los principales mecanismos extrasucesorios, entre los cuales destacaba los seguros de vida y los planes de pensiones[5]. Se identifican como las características comunes de estos *wills substitutes*[6] concernir a bienes específicos y concretos (en el caso del seguro de renta vitalicia, una cantidad de metálico del tomador), escapar al procedimiento judicial específico del derecho de sucesiones (*probate* en el derecho norteamericano) y evitar las solemnidades que exige observar el testamento o el pacto sucesorio para su validez[7].

La inserción de un seguro de vida en la renta vitalicia, con unos beneficiarios que reciben un capital en virtud de un con-

---

3.   CONDOMINES VALLS, F. de A., «Formas nuevas de sucesión en la vida jurídica moderna», en *Conferències de Dret civil, mercantil i fiscal. Reedició dels cicles 1941-1954*, Barcelona, 2011, pp. [932-933].

4.   LANGBEIN, J.H., «The Nonprobate Revolution and the Future of the Law of Succession», *Harvard Law Review*, 1984, p. 1108 ss.

5.   En 2022, la cantidad estimada en planes de pensiones individuales alcanzó los 84.700 millones de euros. Fuente: https://cincodias.elpais.com/cinco-dias/2022/05/16/fondos_y_planes/1652707176_671630.html.

6.   TARABAL BOSCH, J. (coord.), *Previsión y transmisión intergeneracional del patrimonio al margen de la sucesión. Encaje jurídico (¿y consolidación?) de los will substitutes en España,* Madrid-Barcelona-Buenos Aires-Sao Paulo, 2022.

7.   LANGBEIN, «The Nonprobate Revolution», p. 1115.

trato suscrito entre el tomador y la entidad financiera/aseguradora, provoca el efecto señalado por Langbein. Se transmite un bien concreto, en este caso una cantidad de dinero, que previamente ha aportado como prima el tomador, y que la entidad financiera/aseguradora entregará, a la muerte del tomador, al beneficiario o beneficiarios. Esta transmisión no opera por vía sucesoria, sino contractual, y no debe cumplirse con las solemnidades exigidas al testamento o al pacto sucesorio, ni abrirse un proceso sucesorio.

De este modo, el seguro de renta vitalicia permite que el causante destine a favor de uno o más beneficiarios una parte de sus bienes, en concreto una suma de dinero, no directamente, sino mediante un contrato complejo en cuya virtud la entidad financiera/aseguradora hará entrega, tras el fallecimiento del contratante del producto, de un capital asegurado al beneficiario, y ello sin necesidad de otorgar testamento o pacto sucesorio. La consecuencia será que, por vía sucesoria, el causante no transmitirá toda su riqueza, sino que una parte, mayor o menor, habrá seguido cauces extrasucesorios; así lo ha señalado, para los planes de pensiones, la STS 274/2021, de 10 de mayo[8]: «El derecho a las prestaciones correspondientes que se generen en cada plan a favor de los socios o partícipes previstas no se adquiere por vía de transmisión hereditaria; por ello, aun en los casos en que coincida la persona del beneficiario y del heredero, el derecho a la prestación está sometido a sus propias reglas y no al régimen jurídico de la sucesión». El propósito de la presente monografía no es estudiar en su conjunto este producto, sino exclusivamente su impacto en la sucesión del contratante del producto. Porque, si se concluye que esa suma de dinero no ingresa en la herencia, surge de inmediato la pregunta de si, no obstante, cuenta, de algún modo, a efec-

---

8. Roj: STS 1793/2021. En un caso de seguro de renta vitalicia como el de la SAP Baleares 454/2023, de 25 de septiembre, Roj: SAP IB 2490/2023, esta hubiera sido la respuesta más rápida a las pretensiones de los actores de incluir en el activo hereditario la póliza suscrita por el causante en que designaba beneficiaria a la esposa.

tos del cálculo de las legítimas en la herencia del tomador, que es el problema que más habitualmente se plantea en la práctica, o si supone una especie de anticipo de la herencia que debe colacionarse en la partición. Este es un problema al que, por el momento, la jurisprudencia no ha encontrado una solución uniforme ante la imprevisión de los diversos legisladores competentes en materia civil que conviven en España.

Esta monografía se estructura en cinco capítulos. En el capítulo primero se intenta una aproximación a la naturaleza jurídica del seguro de renta vitalicia. En el segundo la atención se centra en cómo se designa al beneficiario y la diversa problemática susceptible de generar dicha designación. Para ello se han utilizado contratos de diversas entidades e incluso se ha concertado contratos que atestiguan alguna de las dificultades que pueden surgir de los rígidos formularios que utilizan las entidades que comercializan este producto. Estos formularios, en los que se contiene el clausulado del contrato y se efectúa la designación, funcionan con un sistema de casillas con un espacio reducido para introducir determinados datos, como los nombres o la categoría de los beneficiarios. En el capítulo tercero se trata la revocación de la designación. En el capítulo cuarto, se estudia si el capital entregado a los beneficiarios de un seguro de renta vitalicia forma parte de la herencia y, en particular, si debe computarse a efectos del cálculo de las legítimas de las personas con derecho a ellas, que pueden ser o no las beneficiarias del seguro de renta vitalicia. La trasmisión por este cauce de una parte del patrimonio del tomador afecta a las expectativas de los legitimarios, puesto que se reduce el caudal relicto que constituye la base del cálculo de las legítimas en el mismo importe del capital aportado al seguro de renta vitalicia. En el capítulo quinto se aborda la colacionabilidad, en el momento de la partición de la herencia, de los capitales que protagonizan esta figura. Por último, en el capítulo sexto se esbozan las relaciones entre los pactos sucesorios y el seguro de renta vitalicia.

La solución que se da a los diversos problemas en relación con la herencia obliga a apuntar una característica esencial del seguro de renta vitalicia: su onerosidad. La onerosidad no viene determinada exclusivamente por el carácter aleatorio del contrato, en la medida en que va vinculado a la vida del tomador, y los contratos aleatorios son por esencia onerosos[9]. La onerosidad descansa, y no con carácter meramente accidental, en las obligaciones que asume la entidad financiera/aseguradora que comercializa el producto, paradigmáticamente en «la renta» que, en vida, el tomador percibe con unos intereses que, es preciso volver a recordarlo, son superiores a los que pagan los bancos por las imposiciones a plazo de sus clientes, y que justifican el trato de esta figura como una modalidad de ahorro. Otra cosa es que el contrato, además, incorpora una estipulación en favor de un tercero, el beneficiario, que la percibe lucrativamente. Además, la entidad se obliga a la entrega del capital asegurado al beneficiario.

Una última característica que conviene señalar, y aquí radica el origen de una buena parte de la conflictividad que genera este producto mixto, es que su contratación se produce en la oficina de la entidad bancaria sin el asesoramiento legal que suele preceder al testamento[10], sobre todo cuando este es notarial. Las mayores solemnidades del testamento confieren a este una mayor conciencia de la trascendencia sucesoria, en comparación con aquellos[11]. La orientación que suele recibirse de quien comercializa el producto se centra en sus ventajas financieras y fiscales, obviando su repercusión en la sucesión

---

9. GETE-ALONSO y CALERA, M.C., *Estructura y función del tipo contractual*, Barcelona, 1979, p. 562 ss, especialmente p. 565.

10. LESLIE, M.B., STERK, S.E., «Revisiting the Revolution: Reintegrating the Wealth Transmission System», Benjamin N. Cardozo School of Law - Yeshiva University Jacob Burns Institute for Advanced Legal Studies (July 2014) Faculty Research Paper No. 434, pp. 2-3 (consultable en http://papers.ssrn.com/ sol3/papers.cfm?abstract_id=2460045).

11. STERK, S.E., LESLIE, M.B., «Accidental Inheritance: Retirement Accounts and the Hidden Law of Succession», *New York University Law Review*, 2014, pp. 164-237, p. 211; LANGBEIN, J.H., «Major Reforms of the Property Restatement and the Uniform Probate Code: Reformation, Harmless Error, and Nonprobate Transfers», *ACTEC Law Journal*, 2012, p. 16.

del tomador[12]. En la práctica, además, se utilizan formularios preredactados de contenido limitado, razón por la pueden pasarse por alto cuestiones en la designación o en relación con la herencia que se analizan en las páginas que siguen.

12.   Así, también, REPRESA POLO, Mª.P., «Los instrumentos de ahorro y previsión: su incidencia sobre la legítima», *Cuadernos de Derecho Privado,* 2022, nº 4, pp. 80-108, 82 y 84.

CAPÍTULO I

LA NATURALEZA JURÍDICA DEL SEGURO DE RENTA VITALICIA

El contrato de seguro de renta vitalicia carece de una regulación específica en derecho español y, por ello, ha originado no pocas discusiones jurisprudenciales sobre su naturaleza jurídica. Como punto de partida, hay que destacar que la jurisprudencia contencioso-administrativa dibujó una línea argumentativa mucho más clara que la jurisprudencia civil. En efecto, en sede contencioso-administrativa la cuestión se centró en analizar la causa del contrato para dilucidar si nos hallamos realmente ante un contrato de seguro de vida[13], que es como con frecuencia en los clausulados de las pólizas se conceptúa este producto[14]. La causa de este contrato consiste en el desplazamiento del riesgo sobre la vida a la entidad aseguradora, la cual responde con su patrimonio a cambio de un precio o prima, consistiendo el riesgo en el hecho de que el asegurado sobreviva o fallezca a una determinada fecha. Según la doctrina contencioso-administrativa, en el contrato de renta vitalicia no existe tal desplazamiento del riesgo, lo cual conduce a concluir

---

13.   Sobre ello, TAPIA HERMIDA, A.J., «El seguro de vida como instrumento de ahorro y previsión», *Revista Española de Seguros*, Abril-Junio 2006, nº 126, pp. 232-249.

14.   «El contrato formalizado tiene naturaleza jurídica de Seguro de Vida que se perfecciona con la firma de las condiciones particulares y generales y el cargo de la prima», reza uno de los contratos que los autores han consultado.

que el seguro de renta vitalicia no es un verdadero contrato de seguro. La valoración del desplazamiento del riesgo se realiza en función de si este ha sido, o no, calculado mediante la técnica actuarial, pues solo en el caso de que así haya sido calculado podrá concluirse que ha habido tal desplazamiento del riesgo. En este sentido se ha pronunciado la Audiencia Nacional, al analizar la naturaleza jurídica de los contratos de seguro combinado de renta temporal o vitalicia y capital diferido y seguro mixto a prima única, que considera contratos de capitalización al no hacer uso de la técnica actuarial, necesaria para calcular el riesgo[15].

La Audiencia Nacional concluye que el contrato en cuestión es una operación financiera presentada aparentemente como seguro de vida pero que, en realidad, al carecer de la causa típica de estos seguros, ha de declararse nulo de pleno derecho. Tal sanción de nulidad se ha aplicado en varias ocasiones por los tribunales contencioso-administrativos a este tipo de contratos por no existir desplazamiento de riesgo sobre la vida del asegurado al patrimonio de la aseguradora (la nulidad del contrato por ausencia de riesgo se prevé en el artículo 4 LCS) y

---

15.   SAN, Sala de lo Contencioso-Administrativo, Sección 2ª, de 20 de junio de 2002, Roj: SAN 3890/2002: «La técnica actuarial de tanta solera y trascendencia en toda la actividad aseguradora deviene fundamental e imprescindible cuando de contratos de seguro sobre la vida se trata, ya que sólo a través de la misma (tablas de mortalidad y tipos de interés técnico, especialmente) podremos saber si hay o no riesgo sobre la vida en función de la duración de la vida humana y, a su vez, sólo en el caso de que efectivamente la prestación del asegurado y del asegurador hayan sido puestas en relación entre sí mediante la técnica actuarial habrá desplazamiento del riesgo sobre la vida (con el correlativo de su cobertura por parte del asegurador) que [...] es el elemento único —al ser el interés asegurado irrelevante en los seguros sobre la vida— integrante de la causa en los contratos de seguro sobre la vida.
Así, pues, si se prescinde de la técnica actuarial —o, lo que es igual, de la duración de la vida humana— en la fijación de las prestaciones de las partes, podemos decir que no existe desplazamiento del riesgo sobre la vida y, por lo tanto, que falta la causa en el contrato de seguro sobre la vida, lo cual sería determinante de su nulidad de acuerdo con el artículo 4 de la Ley del Contrato de Seguro y el artículo 1275 del Código Civil».

por carecer de base técnica actuarial, Ley 20/2015, de 14 de julio, de ordenación, supervisión y solvencia de las entidades aseguradoras y reaseguradoras, cuyo artículo 5.1.a) prohíbe a las entidades aseguradoras realizar operaciones sin base técnica actuarial. La consecuencia de ello es la nulidad de pleno derecho, pues así lo dispone el apartado 2 del mismo artículo 5, lo cual no es más que una reafirmación de la sanción que el artículo 6.3 CC establece para aquellos actos que contravengan una norma prohibitiva con rango de Ley; lo que aplica, todavía, la SAP Burgos 430/2020, de 22 de diciembre[16]. La jurisprudencia contencioso-administrativa, al declarar la nulidad de pleno derecho de aquellos contratos presentados como seguros de vida y que, en realidad, consistían en operaciones financieras, ha procedido a aplicar la doctrina de la conversión del negocio jurídico nulo, de tal modo que ha acabado por considerar que el contrato, en verdad, consistía en un depósito irregular retribuido, es decir, en una modalidad de préstamo[17]. Esta misma solución la adoptó la Sala 1ª del Tribunal Supremo en la sentencia 107/2015, de 12 de marzo[18]: «la hoy recurrente no realiza ninguna referencia concreta a la existencia de tales elementos técnicos actuariales, o de un cuestionario de salud o una revisión médica. Por sí solas, la mención en la póliza al sexo y la edad del asegurado, y la genérica remisión a la "provisión matemática" al regular el valor del rescate, son insuficientes para determinar la existencia de riesgo que justifique la naturaleza de seguro del contrato concertado, teniendo además en cuenta el elevado importe de la prima y de las cuantías aseguradas. (…) la carencia de base técnica actuarial y de aplicación de un interés técnico supone que no hay un desplazamiento del riesgo sobre la vida a la aseguradora que constituya la causa del contrato, con lo que falta este elemento necesario para

---

16. Roj: SAP BU 1083/2020.
17. SAN, Sala de lo Contencioso-Administrativo, Sección 2ª, Sentencias de 1 de octubre de 1998 (Roj: SAN 3556/1998), de 20 de junio de 2002 (Roj: SAN 3890/2002) y de 10 de abril de 2003 (Roj: SAN 9014/2003).
18. Roj: STS 107/2015.

que el contrato pueda ser considerado como un seguro de vida».

Sobre esta base, la jurisprudencia menor se ha decantado por otorgar a los seguros de renta vitalicia la condición de productos financieros y de inversión o de ahorro. Así, por ejemplo, las SAP Madrid, sec. 21ª, 23/2016, de 2 de febrero[19], Salamanca 378/2017, de 31 de julio[20], Asturias 251/2021, de 23 de junio[21], Baleares 550/2022, de 7 de noviembre[22], o Barcelona, sec. 1ª, 611/2022, de 22 de diciembre[23]. Lo mismo ha sostenido la Sala 1ª del Tribunal Supremo en relación con los planes de pensiones en la sentencia 40/2019, de 22 de enero[24]: «Frente a estas técnicas actuariales, a las que el consumidor medio es ajeno, se impone la literalidad del impreso suscrito en el que se dice que va a recibir como prestación una renta asegurada durante quince años, lo que enlaza con naturalidad con la comercialización de los planes como productos de ahorro».

La jurisprudencia civil ha tardado en profundizar en la naturaleza jurídica del contrato en el momento de resolver los litigios que se han ido planteando en torno al contrato de seguro de renta vitalicia. En efecto, la jurisprudencia de los tribunales civiles ha venido dotando a los contratos de seguro de renta vitalicia de distinta naturaleza jurídica, traduciéndose en consecuencias jurídicas desiguales y fallos dispares. La STSJ Cataluña 14/2010, de 7 de abril[25], ilustra la discusión doctrinal al recoger, en su fundamento jurídico primero, que en primera instancia se desestima la demanda «calificando el seguro suscrito como un contrato que presenta las características de un vitalicio y que tiene una naturaleza mixta, con elementos tanto de seguro de vida como de un contrato aleatorio», mientras que

---

19. Roj: SAP M 1285/2016.
20. Roj: SAP SA 479/2017.
21. Roj: SAP O 2402/2021.
22. Roj: SAP IB 2818/2022.
23. Roj: SAP B 14684/2022.
24. Roj: STS 37/2019.
25. Roj: STSJ CAT 3188/2010.

en segunda instancia el contrato controvertido es calificado como un seguro de vida, lo cual ratifica el Tribunal, confirmando la sentencia de la Audiencia Provincial. La posterior sentencia 1/2014, de 2 de enero, del mismo TSJ Cataluña[26], pretende sentar doctrina admitiendo el recurso de casación por considerar que no hay jurisprudencia forjada en relación con la naturaleza jurídica de los productos bancarios como el que es objeto de análisis y que comportan importantes consecuencias sucesorias. En este caso, en primera instancia el contrato objeto de litigio fue calificado como contrato de seguro, a pesar de que la parte demandada solicitó que fuera declarado como un contrato de capitalización o de otro tipo, pero en ningún caso como un contrato de seguro de vida. El TSJ Cataluña resuelve, finalmente, que el contrato de seguro de renta vitalicia es un «contrato de naturaleza atípica», explicando que, no obstante, «encaja totalmente dentro de la libertad civil (…) [y de] la libertad de testar». Se limita a negar que se trate de un contrato de seguro, sin definir cuál es exactamente su naturaleza, más allá de afirmar su atipicidad.

Si se acepta a efectos dialécticos que se trata de un contrato atípico, otras de sus características, de acuerdo con su denominación usual, proviene del contrato de renta vitalicia que regula el Código Civil. Conforme al art. 1802 CC, «El contrato aleatorio de renta vitalicia obliga al deudor a pagar una pensión o rédito anual durante la vida de una o más personas determinadas por un capital en bienes muebles o inmuebles, cuyo dominio se le transfiere desde luego con la carga de la pensión». Por lo tanto, el contrato de renta vitalicia se caracteriza por su aleatoriedad y porque se paga un capital mediante bienes muebles o inmuebles a cambio de la percepción de una renta periódica durante toda la vida. Añade el artículo 1803.1 CC que la renta puede constituirse sobre la vida del que aporta el capital o sobre la de un tercero, o incluso sobre la de varias personas. En todos los casos, el artículo 1804 CC exige como requisito

---

26.   Roj: STSJ CAT 3/2014.

esencial de validez del contrato que la persona sobre la que se constituya la renta esté viva a la fecha de otorgamiento y no padezca una enfermedad que le cause la muerte dentro de los veinte días siguientes a aquella fecha. En puridad, en Cataluña un producto como el que se analiza no debería ser calificado como renta vitalicia, sino como censal[27], pues, conforme al art. 626-1 CCCat, «Por el contrato de censal una persona transmite a otra la propiedad de bienes concretos o de una cantidad determinada de dinero, y esta última se obliga a pagar a una persona y a sus sucesores una prestación periódica en dinero por tiempo indefinido». No obstante, no solo en la práctica es habitualmente catalogado de renta vitalicia, sino que los usos bancarios no encajan ni con sus títulos constitutivos ni con la forma exigida (escritura pública, conforme al art. 5.1 de la Ley 6/1990). De este modo, el seguro de renta vitalicia incorpora solo en parte alguno de los elementos del contrato de renta vitalicia o, en Cataluña, del censal. Cabe concluir, pues, que el seguro de renta vitalicia se configura como un contrato atípico complejo que tiene características tanto de renta vitalicia y censal como de seguro de vida. A ello se añade habitualmente la imposibilidad del rescate del capital en vida (la irredimibilidad del censal, si se prefiere denominarlo así).

Aquello que distingue al contrato de seguro de renta vitalicia del de renta vitalicia ordinario es que la prestación debida por parte del pagador de la renta es no solo el pago de unas cantidades periódicas en forma de renta, sino también el pago de un capital determinado al sujeto beneficiario que se haya designado. En este sentido, el contrato de seguro de renta vitalicia se asemeja al de seguro sobre la vida para el caso de fallecimiento, pero no por ello debe entenderse que se convierte en un contrato de seguro, pues en realidad se trata de un producto de capitalización complejo que comparte características del

---

27.   Al respecto, del Pozo Carrascosa, P., Vaquer Aloy, A., Bosch Capdevila, E., *Derecho civil de Catalunya. Derecho de obligaciones y contratos*, 2ª ed., Madrid-Barcelona-Buenos Aires-Sao Paulo, 2021, p. 657 ss.

contrato de renta vitalicia y del contrato de seguro sobre la vida propia.

Actualmente, los contratos de seguro de renta vitalicia comercializados en el mercado financiero ofrecen varias posibilidades por lo que respecta al pago de la renta, que podrá ser percibida de forma inmediata o de forma diferida. En el caso de la renta vitalicia inmediata, el contratante persona física percibirá una renta periódica (normalmente, mensual y calculada sobre la base de la aplicación de un determinado tipo de interés a la prima aportada, aunque pueden concurrir otros elementos como el importe del capital asegurado al fallecimiento o la edad del asegurado) hasta el fallecimiento a cambio de la aportación de un capital o prima única. Si el contrato es de renta vitalicia diferida, las primas, que serán múltiples, habrán de satisfacerse hasta la finalización del plazo acordado, a partir de cuyo momento empezará a percibirse la renta. Al mismo tiempo, el contrato de renta vitalicia podrá suscribirse pactando el consumo de prima o sin su consumo. Por tanto, cabe la posibilidad de percibir rentas conformadas únicamente por la rentabilidad que proporciona el producto, de tal modo que el capital aportado mediante el pago de la prima permanezca siempre intacto. En esta modalidad es en la que se centran los problemas que se pretenden analizar en el capítulo tercero, ya que entonces el capital aportado, que en virtud del contrato no pertenece más al tomador, lo recibe a la muerte de este quien se haya designado beneficiario, sin integrarse en la herencia, con lo que se produce una trasmisión de patrimonio al fallecimiento del tomador no solo por vía extrasucesoria, sino además menguando la cuantía del caudal relicto. No obstante, cuestiones similares pueden suscitarse en las otras modalidades de seguro de renta vitalicia, a las que por lo menos parcialmente cabrá aplicar por analogía las soluciones que aquí se proponen. Igualmente, por vía analógica, las soluciones que aquí se proponen valen para otros productos de ahorro y previsión con designación de beneficiarios para después de la muerte, como planes de pensiones o PIAS, teniendo en cuenta las peculiaridades de cada producto.

El contrato de seguro de renta vitalicia carece de regulación expresa en ningún cuerpo legislativo, y tampoco se han previsto normas para gobernar su relación con la herencia; únicamente hay una previsión en el art. 421-23 del Código civil de Cataluña (CCCat), reducida a la cuestión de la designación de los beneficiarios. En la práctica, por un lado, existen contratos de seguro de vida que se asemejan al contrato de renta vitalicia o dan lugar a obligaciones de renta vitalicia; por otro, hay casos en los que las compañías de seguros formalizan auténticos contratos de renta vitalicia. En opinión de Toral Lara[28], cuando se trata de verdaderos contratos de renta vitalicia, estos habrán de regirse por la normativa propia del Código Civil, sin perjuicio de que les puedan ser aplicables determinadas previsiones de la Ley del Contrato de Seguro que sean compatibles con su propia naturaleza cuando así lo aconsejen las circunstancias, por ejemplo, en el caso de hallarnos ante un supuesto no regulado en el Código Civil y expresamente previsto en la Ley del Contrato de Seguro. A tales consideraciones, la misma autora añade, textualmente, lo siguiente: «En el resto de supuestos en los que no puede hablarse de auténticos contratos de renta vitalicia, sino de seguros sobre la vida análogos o de contratos que dan lugar a rentas vitalicias, no cabe duda de que la normativa aplicable será la de la Ley del Contrato de Seguro, o la específica que lo regule, sin perjuicio de que, dada la analogía existente, pueda completarse su régimen jurídico con las normas propias del contrato de renta vitalicia». El entramado jurídico del seguro de renta vitalicia viene determinado por la aportación de un capital en forma de prima única; en contraprestación, la entidad financiera/aseguradora se obliga al pago de unas rentas vitalicias, calculadas mediante la aplicación de un tipo de interés al capital aportado, así como a entregar el capital asegurado al beneficiario designado cuando acaezca el deceso del tomador. La incorporación de un seguro, vinculado al fallecimiento del tomador, determina que al contrato de se-

---

28. Toral Lara, E., *El contrato de renta vitalicia*, Madrid, 2009, pp. 56 y 69.

guro de renta vitalicia le sea de aplicación la Ley del Contrato de Seguro. Sin embargo, es necesario determinar qué preceptos específicos. La Ley del Contrato de Seguro opta por dedicar tres únicos artículos a las disposiciones generales aplicables a los seguros de personas, regulados en el Título III. Luego dedica diferentes secciones a las subespecies particulares de seguros de personas, concretamente, el seguro sobre la vida, el de accidentes y el de enfermedad y asistencia sanitaria. Por consiguiente, el régimen jurídico aplicable al contrato de seguro de renta vitalicia incluye los artículos 1802 a 1808 CC, reguladores del contrato de renta vitalicia, además de las previsiones de la Ley del Contrato de Seguro que se recogen para los seguros sobre la vida. La aplicación de ambos cuerpos normativos se justifica en el hecho de que nos hallamos ante un contrato que supone la inserción del seguro de vida en la renta vitalicia y, por tanto, hay que aplicar armónicamente la regulación de la Ley del Contrato de Seguro para los seguros sobre la vida y la que existe para el contrato de renta vitalicia en el Código Civil. Y en Cataluña, además, por lo que a la designación de beneficiarios concierne, el art. 421-23 CCCat.

CAPÍTULO II

LA DESIGNACIÓN DE LOS BENEFICIARIOS

1. LA FACULTAD DE DESIGNAR AL BENEFICIARIO DEL SEGURO DE RENTA VITALICIA

La designación de la persona beneficiaria de un instrumento de previsión y ahorro como el seguro de renta vitalicia se rige por los arts. 84 a 87 LCS, a pesar de que están previstos únicamente para los seguros de vida. En Cataluña también hay que atender al art. 421-23 CCCat.

La designación de beneficiarios es una facultad exclusiva del tomador del instrumento de previsión y ahorro. La Ley le concede una amplísima libertad tanto para designar como para revocar la designación. Asimismo, prevé unas normas supletorias para el supuesto que la designación sea meramente genérica e, incluso, unas normas interpretativas para resolver ciertas dudas que puedan surgir como consecuencia de la manera en que se ha realizado la designación. El art. 84.1 LCS remarca no solo que el tomador del seguro es el único facultado para realizar la designación, sino que, para modificar la designación ya realizada, no precisa el consentimiento de la aseguradora.

La persona beneficiaria es la titular del derecho a la prestación asegurada en el momento en que acaezca el hecho que la causa. Ello supone que el beneficiario recibe a la muerte de la persona asegurada una suma de dinero de la entidad aseguradora o gestora, como remarca el art. 88 LCS, «aun contra las reclamaciones de los herederos legítimos y acreedores de cualquier clase del tomador del seguro». De ahí la importancia de la designación, pues indica a la entidad financiera/aseguradora la persona a quien debe entregar el capital asegurado para cumplir su obligación, a la vez que otorga legitimación al beneficiario para reclamar el pago a dicha entidad. Como advirtió la STS 243/2003, de14 de marzo[29], el «crédito del beneficiario se manifiesta prevalente y excluyente respecto a los herederos legítimos del tomador, ya que el referido art. 88 establece que la prestación ha de serle satisfecha aún contra las reclamaciones de aquellos, a los que solo les asiste el derecho al reembolso de las primas abonadas por el contratante en fraude de sus derechos». Desde la perspectiva de su naturaleza jurídica, la designación de beneficiario constituye una declaración de voluntad unilateral de quien contrata un seguro de renta vitalicia por medio de la que pone en conocimiento de la entidad financiera/aseguradora a quién debe entregarse el capital asegurado. Por ello, ha de configurarse como una declaración de voluntad receptícia[30], ya que debe llegar a, y ser conocida por, la entidad financiera o aseguradora. Aunque no es necesario que la comunicación se realice inmediatamente tras la emisión de la declaración de voluntad contractual, en la práctica la primera designación suele coincidir con la conclusión del contrato, sin perjuicio de que pueda emitirse en cualquier otro momento, y de la posibilidad de modificar libremente la designación realizada. Es cierto que, como se verá seguidamente, la designación del beneficiario puede realizarse en testamento, y la declaración

---

29.   Roj: STS 1735/2003.
30.   Así, BOLDÓ RODA, C., Art. 84, en *Comentarios a la Ley del contrato de seguro* (coord. Boquera Matarredona, J., Bataller Grau, J., Olavarría Iglesia, J.), Valencia, 2002, p. 1001. En contra, quizá pensando más en que la entidad no tiene que aceptar la designación, TIRADO SUÁREZ, F.J., Art. 84, en, *Ley del contrato de seguro* (dir. Sánchez Calero, F.J.), 3ª ed., Cizur Menor, 2005, p. 2248; y VEIGA COPO, A.B., *Comentarios prácticos a la Ley del contrato de seguro,* Cizur Menor, 2020, p. 1569.

de voluntad testamentaria carece de naturaleza receptiva; sin embargo, lo cierto es que esa declaración debe llegar a la entidad de previsión o ahorro de que se trate para que sea efectiva. El consentimiento de la entidad a la designación o a su modificación es innecesario, porque carece de interés alguno, en la medida en que su obligación de pago del capital asegurado es independiente de quién sea el beneficiario.

La facultad de designar a la persona beneficiaria es exclusiva de quien contrata un instrumento de previsión y ahorro. Ahora bien, y ante la ausencia de cualquier norma prohibitiva, la designación cabe que la realice un representante o incluso un apoderado para las gestiones ante la entidad que haya comercializado el producto. Lo mismo la modificación de la designación efectuada en su momento. Hay que recordar que, aunque la designación únicamente despliega sus efectos tras la muerte del contratante, se trata de un negocio entre vivos que no queda excluido del ámbito de la representación. Por el contrario, es de sobras conocido que, salvo aquellos ordenamientos jurídicos que admiten la figura del testamento por comisario, el testamento es un negocio personalísimo en que no opera el poder de representación. Si se estima conveniente una regulación más homogénea con la sucesión hereditaria, de *lege ferenda* sería oportuno que la designación de beneficiarios no pudiera ser realizada o modificada por un representante. El foco de los posibles problemas se localiza en las personas ancianas que, para las gestiones con los bancos o en su esfera jurídica en general, han otorgado un poder, usualmente a favor de alguno de sus hijos o parientes. La evidente repercusión sucesoria de la designación, puesto que desvía del cauce sucesorio todo el capital vehiculado en estos instrumentos, aconseja no permitir mayor intervención de un representante que la que se permite en el ámbito de los negocios de última voluntad.

Lo mismo que en la sucesión, la designación es revocable sin necesidad de consentimiento del beneficiario, puesto que hasta el fallecimiento del designante no adquiere derecho; lo mismo que el testamento[31], la designación de beneficiarios no constituye ningún supuesto de declaración de voluntad recepticia para con los designados, quienes ni siquiera tienen que tener conocimiento de la designación, ya que no son parte en el negocio jurídico entre la entidad y el tomador del producto de ahorro o inversión. La revocación se trata en el capítulo tercero.

Y, como en cualquier otro acto o negocio jurídico, el cliente tomador debe gozar del pleno ejercicio de la capacidad jurídica y no tiene que concurrir ningún vicio de la voluntad, pues de otro modo concurriría causa de anulabilidad[32].

2. LA DESIGNACIÓN DE BENEFICIARIOS Y LA SUCESIÓN

En los capítulos siguientes se considera con detalle la relación del seguro de renta vitalicia con el derecho de sucesiones, sobre la base de que se trata de una parte del patrimonio del que, en vida, era titular el tomador/causante, pero que no se transmite por vía sucesoria, sino por medio de un contrato, descapitalizándose en vida el tomador al contratar el producto y recibiendo ese capital —apenas con un leve incremento— el beneficiario igualmente por vía contractual y no sucesoria, además de la renta —en forma de cálculo de intereses, habitualmente— que el tomador percibe en vida. Dos preceptos dejan meridianamente clara la independencia entre la adquisición

---

31.   Pozo Carrascosa, P. del, Vaquer Aloy, A., Bosch Capdevila, E., *Derecho civil de Cataluña. Derecho de sucesiones,* 3ª ed., Barcelona-Madrid-Buenos Aires-Sao Paulo, 2017, p. 64; Lacruz Berdejo, J. L., Sancho Rebullida, F. de A., *Elementos de derecho civil V. Derecho de sucesiones,* Barcelona, 1981, p. 280.

32.   Así, por ejemplo, en la SAP Lleida 342/2022, de 18 de mayo, Roj: SAP L 453/2022, que desestima la anulación, o en las SAP Ourense 389/2016, de 17 de noviembre, Roj: SAP OU 682/2016, y SJPI Navarra 5 214/2023, de 8 de mayo, Roj: SJPI 1410/2023, que la estima, por la falta de información suficiente en el momento de contratar el producto teniendo en cuenta su complejidad, en particular la imposibilidad de rescate del capital.

por vía contractual del beneficiario de su derecho al capital
asegurado y la sucesión del contratante del seguro de renta
vitalicia. Por un lado, el ya mencionado art. 88 LCS, que enfati-
za que el beneficiario adquiere el capital asegurado de la entidad aun contra las reclamaciones que pudieran entablar los
herederos legítimos. Por otro lado, el art. 85.1 LCS, cuando
afirma que «[l]os beneficiarios que sean herederos conservarán
dicha condición aunque renuncien a la herencia». Lo ha reco-
nocido, entre otras, la SAP Navarra 86/2005, de 5 de mayo[33],
que decide que el derecho al capital asegurado proviene de la
designación en la póliza y no de la institución de heredero que
haya podido realizar el mismo tomador en su testamento.

Ahora bien, no es menos cierto que este traspaso patrimonial se realiza mediante designación del beneficiario por el
tomador, lo que guarda evidente relación con la designación de
heredero o legatario en testamento; de hecho, el art. 84.1 LCS
prevé que la designación de los beneficiarios se haga en testamento, y el art. 421-23 CCCat contempla la posibilidad de la
designación de los beneficiarios de seguros de vida, de planes
de pensiones y de instrumentos de ahorro y previsión análogos
en testamento y codicilo. La evidencia de esta relación entre el
seguro de renta vitalicia y la sucesión, más allá de constituir un
mecanismo de transmisión de riqueza a la muerte, la ofrece la
terminología que utiliza el legislador, que se corresponde pal-
mariamente con la propia del derecho de sucesiones. Así, en
los arts. 84 a 88 LCS se encuentran los términos «heredero»,
«cuota hereditaria», «acrecerá» o «revocación», y se enuncian supuestos de hecho legales que presentan notables coincidencias
con artículos vigentes del Código Civil (art. 769 y 771) y del
Código Civil de Cataluña (art. 423-8 y 423-9), por lo que a designaciones genéricas se refiere.

Esta proximidad entre las normas de la Ley del Contrato de
Seguro y las sucesorias tiene que permitir, para los casos en
que la parca regulación especial prevista para los seguros de

---

33. Roj: SAP NA 451/2005.

vida se muestre insuficiente e incompleta, aplicar por analogía las soluciones previstas en el ámbito sucesorio, lo que va a facilitar que se colmen algunas lagunas susceptibles de generar dificultades en la práctica[34].

3. EL DERECHO DE LOS BENEFICIARIOS

Las semejanzas entre el seguro de renta vitalicia y la sucesión testamentaria se dejan observar, también, cuando se analiza el derecho del beneficiario. La pretensión del beneficiario al capital asegurado depende de la designación que efectúe el tomador del seguro y solo es eficaz al fallecimiento de este; la muerte, pues, actúa como requisito de eficacia de la designación, al igual que constituye un requisito de eficacia del testamento.

El beneficiario adquiere su derecho en virtud de un contrato *inter vivos* como es el seguro de renta vitalicia, por más que esa adquisición no se produce hasta que acaece el fallecimiento del tomador/asegurado. La adquisición es automática tras el fallecimiento, por cuanto se trata de un derecho propio del beneficiario que deriva del contrato, y que es totalmente autónomo en relación con la apertura de la sucesión del difunto[35].

Mientras no se produce el fallecimiento, que actúa como requisito de eficacia de la designación, el beneficiario no goza de ningún derecho consolidado, en la medida en que el tomador es libre de revocar, del modo que luego se dirá[36], la designación realizada. La revocación no necesita ni consentimiento ni conocimiento del beneficiario, tampoco de la entidad finan-

---

34. La misma idea en REGLERO CAMPOS, F. «Beneficiario y heredero en el seguro de vida», *Revista de Derecho Patrimonial*, 1997, p. 215; CANTERO NÚÑEZ, F.J., PARDO GARCÍA, H.R., «Acerca de la designación de beneficiario de un seguro de vida desde la óptica del derecho de sucesiones», *Revista de Derecho Privado*, 1996, pp. 707-708.
35. TIRADO SUÁREZ, art. 84, p. 2241.
36. *Infra, sub* capítulo tercero.

ciera/aseguradora, para que sea válida. Si se produce, simplemente se pierde la condición de beneficiario, sin poder reclamar nada ni de la aseguradora obligada al pago ni del tomador —en vida— o de sus herederos —a su fallecimiento—.

Eso no significa que el beneficiario esté desprovisto de cualquier mecanismo de defensa de su situación jurídica, que carece de consolidación y que la doctrina etiqueta como expectativa de derecho[37]. La designación como beneficiario no otorga una posición jurídica firme, porque puede ser revocada, pero la revocación no supone invalidar la designación realizada, sino tan solo privarla de efectos jurídicos. Al igual que sucede con la designación hereditaria, quien es designado heredero en un testamento carece de derecho alguno, por ese mero hecho, a ser heredero, pues cabe que el testador revoque esa designación, ya sea porque revoque la institución de heredero, ya sea porque revoque todo el testamento, pero ello no afecta a la validez de la institución, sino meramente a su eficacia[38]. De ahí que, si la revocación no es válida, la institución revocada recobre su eficacia. Algo semejante sucede con la designación de beneficiario. En tal condición, está legitimado para impugnar la validez del testamento en que el tomador designa un nuevo beneficiario y que provoca que decaiga su designación; así lo afirma la doctrina, superando el silencio del Código Civil, cuando estima que están legitimados para impugnar el testamento los que en virtud de una expectativa sucesoria resulten favorecidos con la anulación[39], y lo establece expresamente el

---

37. TIRADO SUÁREZ, art. 84, p. 2242.
38. El art. 739.2 CC es meridiano en este sentido, cuando advierte que «el testamento anterior recobra su fuerza si el testador revoca después el posterior»; véase, además, LASARTE, C., *Derecho de sucesiones*, Madrid-Barcelona-Buenos Aires-Sao Paulo, 13ª ed., 2018, p. 53. Para el derecho catalán, DEL POZO CARRASCOSA /VAQUER ALOY/BOSCH CAPDEVILA, *Derecho civil de Cataluña. Derecho de sucesiones*, p. 95.
39. LACRUZ BERDEJO, J.L., *et al*, *Elementos de derecho civil V. Sucesiones*, 3ª ed. revisada y puesta al día por Joaquín Rams Albesa, Madrid, 2007, p. 232; DÍEZ-PICAZO, L., GULLÓN BALLESTEROS, A., *Sistema de derecho civil*, IV-2, 11ª ed., Madrid, 2012, p. 143; PÉREZ ÁLVAREZ, M.Á., en CÁMARA LAPUENTE, S. (coord.), MARTÍNEZ DE

art. 422-3.1 CCCat: «La acción de nulidad puede ser ejercida, una vez abierta la sucesión, por las personas a quien puede beneficiar la declaración de nulidad». Es evidente que la declaración de nulidad del testamento o codicilo posterior en que se designa un nuevo beneficiario favorece al designado con anterioridad, pues en tal caso no habrá efecto revocatorio y su designación devendrá eficaz y tendrá derecho al capital asegurado. A la misma conclusión debe llegarse en relación con una designación en negocio entre vivos: el beneficiario anterior goza de legitimación para impugnarla si concurre cualquier causa que afecte a su validez, como por ejemplo vicios de la voluntad que hayan determinado su voluntad de alterar la designación.

En conclusión, el designado como beneficiario, hasta que no se verifica el fallecimiento, carece de derecho firme y definitivo sobre el capital asegurado; únicamente lo adquiere con el deceso del tomador/asegurado. Sin embargo, eso no significa que esté desprovisto de toda acción para proteger su expectativa, pues su interés en la designación le legitima para ejercer las acciones de nulidad de la designación posterior que deje sin efecto la suya. La única excepción, a la que se hará referen-

---

AGUIRRE ALDAZ, C., DE PABLO CONTRERAS, P., PÉREZ ÁLVAREZ, M.Á., *Curso de derecho civil (V). Derecho de sucesiones*, 2ª ed., Madrid, 2022, p. 275.
Una causa de impugnación que debe merecer una especial atención es la posible captación de la voluntad del tomador. La impugnación debería basarse en el dolo del designado como beneficiario, aunque la prueba del dolo no siempre resulta sencilla. Si la designación de realiza en testamento pueden resultar útiles los art. 753.II y III CC y 412-5.2 CCCat, que establece que las personas físicas y jurídicas y los cuidadores que presten cuidados asistenciales, residenciales o de naturaleza análoga al causante solo pueden ser favorecidos en la sucesión de este —y, por ende, ser designados beneficiarios— si se ordena en testamento notarial abierto —o en pacto sucesorio en Cataluña—. Véase VAQUER ALOY, A, «La protección del testador vulnerable», *Anuario de Derecho Civil*, 2015, p. 327 ss, y FENOY PICÓN, N., *Dolo, ventaja injusta y rescisión por lesión en los contratos,* Madrid, 2023, p. 65 ss.

cia más adelante, es la designación de beneficiario en pacto sucesorio[40].

4. LA CAPACIDAD DE LOS BENEFICIARIOS

Cualquier persona puede ser beneficiaria, tanto si es persona natural como jurídica, con independencia de su capacidad de entender y querer, pues, aunque el contrato sea oneroso, se trata de una adquisición lucrativa, en la que el designado no se obliga a nada ni debe ninguna contraprestación[41], sin perjuicio de que, por razón de discapacidad, precise apoyo o, si es un menor de edad, deba actuar por él su representante legal, en lo que a la aceptación del capital asegurado concierne.

Siendo la adquisición del beneficiario por vía contractual, y puesto que la adquisición tiene lugar en el momento del fallecimiento del causante, el beneficiario debe estar vivo. La única exigencia, una vez señalado que no se requiere tener el pleno ejercicio de la capacidad jurídica, es poseer personalidad jurídica. Aun careciendo de personalidad jurídica, no hay obstáculo para que el beneficiario sea un *nasciturus*, requiriéndose, sin embargo, que se verifique el nacimiento para que se consolide la adquisición del derecho al capital asegurado; fallecido el contratante del instrumento de previsión o ahorro, corresponde a quienes serían los representantes legales aceptar el capital, y la adquisición se convertirá en firme con el nacimiento, pues al concebido se le tiene por nacido a todos los efectos que le sean favorables (art. 29 CC y 211-2 CCCat). Lo mismo vale, *mutatis mutandis*, para las personas jurídicas que se hallen en constitución, paradigmáticamente porque el tomador ha ordenado en su última voluntad tal constitución. Por lo que al *concepturus* se refiere, no se encuentra mencionado en plano de igualdad con el nasciturus, puesto que no solo no ha

40.   *Infra sub* capítulo sexto.
41.   Reglero Campos, «Beneficiarios y herederos en el seguro de vida», p. 215.

nacido, sino que tampoco ha sido siquiera concebido. Tirado Suárez[42] entiende que cabe designar a un no concebido si existe una esperanza de vida fundada en el momento del siniestro o muerte del asegurado, poniendo como ejemplo la concepción por fecundación asistida *post mortem*, y siempre que el nacimiento se verifique dentro de los cinco años siguientes al acaecimiento del siniestro o fallecimiento, por ser este el plazo que establece el art. 23 LCS para la prescripción de la pretensión derivada de un seguro de vida. Si se observan otros títulos lucrativos, como la donación o el legado, la conclusión a que se llega es parcialmente coincidente. El ordenamiento jurídico encuentra mecanismos para los títulos lucrativos a favor de *concepturi*. En materia de donación, en que el Código Civil no contiene ningún precepto al respecto, es cierto que la doctrina mayoritaria se inclina por rechazar la donación a *concepturi*, si bien algún importante autor parece inclinarse por su admisión, configurando tal donación como condicional, siendo el hecho-condición el nacimiento del donatario[43]. Esta es la solución que ha acogido el Código Civil de Cataluña en su art. 531-21.2, conforme al que «[l]as donaciones efectuadas a favor de los no concebidos se entienden hechas bajo condición suspensiva»; también lo acepta la ley 155 FN: «Las disposiciones a título lucrativo, por actos "inter vivos" o "mortis causa", pueden hacerse a favor del concebido, e incluso a favor de los hijos aún no concebidos de persona determinada que viva al tiempo de la donación o al de la muerte del testador». En materia de legado, el Código Civil nuevamente carece de norma específica, mien-

---

42.   Tirado Suárez, art. 84, p. 2244-2245.
43.   Albaladejo, M., *Derecho civil II,* 14ª ed., Madrid, 2011, p. 595, mudando la opinión que había mantenido, por ejemplo, en los comentarios a los art. 627, apartado III, y 641, p. 264, en *Comentarios al Código civil y compilaciones forales,* t. VIII, vol. 2º, Madrid, 1986. En contra, San Julián Puig, V., «Capacidad para ser donatario y aceptar», en *Tratado de las liberalidades. Homenaje al profesor Enrique Rubio Torrano* (dir. Egusquiza Balmaseda, M.Á., Pérez de Ontiveros Baquero, C.), Cizur Menor, 2017, p. 215-270, 222; Zurrilla Cariñana, M.Á., art. 627, en Bercovitz Rodríguez-Cano, R. (coord.), *Comentarios al Código civil,* 5ª ed., Cizur Menor, 2021, pp. 873-874.

tras que el Código Civil de Cataluña prevé el supuesto en el art. 427-2: «Es eficaz el legado a favor de persona aún no nacida ni concebida en el momento de morir el causante, en el supuesto de que llegue a nacer, así como el dispuesto a favor del legatario determinable por un acontecimiento futuro y razonablemente posible expresado por el causante. En ambos casos se entiende que eso incluye una condición suspensiva del legado». Por consiguiente, hay argumentos para admitir que se designe beneficiario a quien todavía no está concebido, lo que no significa que ello sea recomendable, pues causa evidentes distorsiones en el cumplimiento de la prestación a la aseguradora, que debe esperar a que se verifique el cumplimiento de la condición —con el límite señalado de los cinco años en que prescribe la acción para reclamar— y porque la designación del tomador puede devenir ineficaz si el nacimiento no tiene lugar o sucede transcurrido el repetido plazo quinquenal.

No tratándose de una adquisición por vía sucesoria sino contractual, lo que no cabe es extender las causas de inhabilidad y de indignidad sucesoria al beneficiario del seguro de renta vitalicia. En particular, las causas de inhabilidad persiguen evitar la posible captación de la voluntad del causante por aquellos que intervienen en el otorgamiento del testamento o que tienen alguna capacidad para influenciar al otorgante. Otro tanto sucede con la indignidad —más allá de la causa de pérdida de la condición de beneficiario *ex lege* del art. 92 LCS, causar la muerte dolosamente del tomador, que coincide parcialmente con una de las causas de indignidad, y que se analiza en el apartado 3 del capítulo cuarto—, que, en la medida en que representa una sanción privada consistente en la privación de su eficacia a las atribuciones a favor de quienes han cometido una determinada ofensa contra el testador, tampoco es extensible a quien contrata un seguro de renta vitalicia. Tanto en uno como en otro caso, su naturaleza contractual y la fácil revocabilidad de la designación no permiten la aplicación de causas que están pensadas para la sucesión, salvo en los casos que se analizarán más adelante en que el beneficiario es el heredero del tomador[44].

5. ACTOS Y NEGOCIOS IDÓNEOS PARA LA DESIGNACIÓN

La designación de la persona o personas beneficiarias puede realizarse mediante diversos actos o negocios a elección del tomador del producto en cuestión. El art. 84.2 LCS, en relación con el seguro de vida, señala que «podrá hacerse en la póliza, en una posterior declaración escrita comunicada al asegurador o en testamento». Estas tres –póliza, declaración escrita y testamento– debe entenderse que son las «formas» de la designación a que se refiere el art. 87.1 LCS cuando menciona la revocación de la designación. Por su parte, el art. 421-23 CCCat indica que la designación, modificación y revocación de beneficiarios de seguros de vida, de planes de pensiones y de instrumentos de ahorro y previsión puede realizarse en testamento o en codicilo o por cualquier otro medio establecido en el contrato correspondiente o en la legislación específica, lo que supone una remisión al art. 87.1 LCS.

5.1. El instrumento de previsión o ahorro

El primer instrumento idóneo para designar al beneficiario es el mismo contrato o póliza por el que se suscribe el instrumento de previsión o ahorro. En la práctica así sucede: la entidad aseguradora o gestora ofrece al tomador del producto realizar la designación, usualmente mediante un formulario, por

---

44. *Infra, sub* 6.2.2. Véase, en el mismo sentido, ALBIEZ DOHRMANN, K.J., *Disposiciones patrimoniales en vida para después de la muerte*, Santiago de Chile, 2019, p. 168.

lo general limitado[45], en el que puede designar uno o más beneficiarios.

La designación realizada de esta manera sigue la misma suerte que el contrato en cuestión, pero no a la inversa. La nulidad o ineficacia del contrato acarrea necesariamente la de la designación. Por el contrario, la ineficacia de la designación —por ejemplo, por haber designado una persona inexistente— no afecta al instrumento de ahorro y previsión, que mantendrá

---

45.   Por la línea abierta de una determinada entidad se pueden designar los beneficiarios de planes de pensiones eligiendo una de las siguientes opciones (fecha de consulta 28.2.2024): a) exclusivamente el cónyuge; b) exclusivamente los hijos a partes iguales: c) exclusivamente los padres a partes iguales; d) cónyuge e hijos a partes iguales; e) designación nominativa (máximo 9). Las sustituciones no están contempladas, tampoco la pareja estable, ni es posible el reparto desigual, ni se advierte de las consecuencias de la designación nominal en comparación con las designaciones genéricas. Los autores han visto pólizas de contratos de seguro de renta vitalicia prerredactados en que los beneficiarios son los «herederos legítimos». Otras entidades han mejorado sus formularios online y permiten cuotas distintas e incluso prever la premoriencia del designado, señalar cuotas distintas a los designados, únicamente de manera nominativa; una, en concreto, prevé lo siguiente en caso de no rellenar el formulario: «En defecto de designación lo será por orden preferente y excluyente: - El cónyuge supérstite, que no estuviera separado legalmente en el momento de fallecimiento, o la pareja de hecho debidamente inscrita en el registro correspondiente - Los hijos a partes iguales y, en su caso, los demás descendientes por derecho de representación - Los ascendientes, más próximos en grado a partes iguales. - A falta de los anteriores, serán beneficiarios los herederos testamentarios o abintestato del partícipe. El reparto en este caso se llevará a cabo a partes iguales entre todos los beneficiarios, sin tener en cuenta cuotas hereditarias». En la STS 636/2020, de 25 de noviembre, Roj: STS 4001/2020, se trata de un seguro colectivo de accidentes, cuya cláusula 12 de las condiciones particulares establece quiénes son beneficiarios, en caso de fallecimiento, por el orden siguiente: «1) El cónyuge; 2) Los hijos a partes iguales en defecto del cónyuge; 3) Los padres y 4) Los hermanos». Esta situación no es exclusiva de España, sino que ha sido, asimismo, criticada en el derecho estadounidense, en la medida en que las entidades persiguen más la facilidad y su seguridad que asegurarse que la designación refleja la verdadera voluntad del designante: LESLIE/STERK, «Revisiting the Revolution», p. 64. Sería, por ello, muy recomendable que las entidades revisaran sus formularios, de modo que la designación en el contrato pudiera tener la misma extensión que en un testamento.

su validez y eficacia, pues el legislador ha previsto la eventualidad de la ausencia de designación —hay que entender que tanto originaria como sobrevenida— en el art. 84.3 LCS, cuyo contenido se trata más adelante[46].

Por último, la designación puede no ser directa, sino por remisión a la normativa interna de la entidad gestora en caso de no ejercer la facultad de designar. Así lo reconocen la STS 274/2021, citada en la nota 8, y la SAP Barcelona, sec. 11ª, 116/2020, de 8 de junio, en supuestos relativos a planes de pensiones[47].

5.2. La declaración escrita posterior comunicada

También cabe la designación de beneficiarios en una declaración escrita posterior comunicada a la entidad gestora o aseguradora del concreto instrumento de previsión y ahorro. Se exige que esta declaración sea por escrito y se comunique a la entidad que debe pagar el capital asegurado al beneficiario, lo que es consecuente con la calificación de la designación como declaración de voluntad recepticia que merece esta comunicación. Cualquier tipo de documento escrito basta, de modo que vale la carta, el correo electrónico, e incluso simplemente rellenar el formulario *online*, como permiten las entidades en sus webs; y en cuanto es recibido por la entidad surte efecto, quedando determinado el beneficiario.

La falta de exigencia de una forma auténtica carga al tomador del producto, que es el único facultado para realizar la

---

46. *Infra, sub* apartado 9.
47. Roj: SAP B 4123/2020. Uno de los argumentos, ciertamente discutible de la sentencia, es el siguiente: «el marco de un plan de pensiones, la designación de beneficiario para el caso de fallecimiento, si bien no es un elemento secundario, tampoco es el elemento principal, por lo que no puede calificarse de anómalo la posibilidad de que no se detalle un beneficiario de modo expreso.» Este no es un argumento neutro, puesto que el resultado es que no se integra en la herencia conforme al art. 84 LCS, lo que hubiera favorecido a la hija, pues las normas internas de la entidad del supuesto contemplaban como beneficiario al cónyuge viudo.

designación, con la prueba de que la ha realizado[48]. En caso de fallecimiento del tomador, cualquier interesado en el contrato, en atención a su interés directo en la designación, estará legitimado para acreditar que tuvo lugar mediante una designación escrita comunicada. Que no se exija la fehaciencia de la comunicación puede generar también la duda sobre la autenticidad de esta, más aún cuando puede llevarse a cabo electrónicamente (correo electrónico, formulario *online*); de nuevo la carga de la prueba pesará sobre quien pretenda hacer valer esa designación si la entidad gestora o aseguradora la discutiera, y a la inversa, si alguien alegara que la persona designante fue suplantada y no fue el autor o autora de la designación[49].

5.3. Los negocios de última voluntad

El art. 84.2 LCS prevé que la designación pueda realizarse en testamento. El precepto no precisa más, por lo que debe deducirse que vale cualquiera de las formas testamentarias admitidas en cada ordenamiento jurídico-civil español que pueda resultar aplicable, tanto si son formas notariales como ológrafas e incluso verbales.

Así, en Cataluña, además del testamento, sin distinguir asimismo entre notarial abierto o cerrado y ológrafo[50], cabe recurrir al codicilo, como expresamente admite el art. 421-23 CCCat. No debe sorprender, puesto que el contenido del codicilo viene limitado por la institución de heredero y su sustituto el albacea universal (art. 421-20.2 CCCat), y la designación de un beneficiario no puede equipararse en modo alguno a un título universal, ya que, en todo caso, la designación no supone más que la

---

48.   Cantero Núñez/Pardo García, «Acerca de la designación de beneficiario», pp. 708-709.
49.   Véase un supuesto en la SAP Madrid, sec. 20ª, 164/2018, de 16 de mayo, Roj: SAP M 7472/2018.
50.   De la misma opinión Gili Saldaña, M., art. 421-23, en, *Comentari al Llibre quart del Codi civil de Catalunya* (dir. Egea Fernández, J., Ferrer Riba, J.,), Barcelona, 2011, p. 255.

adquisición de un bien concreto, en este caso el capital asegurado, con lo que se equipararía con un legado; en cuanto al resto de contenido, no hay distinción entre codicilo y testamento. Por el contrario, sí queda excluida de la designación de beneficiarios la memoria testamentaria, lo que se explica por su ausencia casi total de requisitos formales, la inexistencia de plazo para adverar y protocolizar, y la limitación de su contenido al 10% del valor del caudal relicto (art. 421-21.1 y 2 CCCat).

Si bien es cierto que el art. 84.2 LCS menciona únicamente al testamento, no por ello excluye otros instrumentos sucesorios a los que pueden recurrir los causantes de determinadas Comunidades Autónomas, paradigmáticamente los pactos sucesorios. El art. 431-5 CCCat subraya que el contenido del pacto sucesorio es el mismo que el del testamento, y el art. 381 CFA dispone que «[l]os pactos sucesorios pueden contener cualesquiera estipulaciones mortis causa a favor de los contratantes»[51], de modo que los pactos sucesorios son instrumentos idóneos, también, para la designación de los beneficiarios del seguro de renta vitalicia. El pacto sucesorio, por su carácter en principio irrevocable, aporta un plus de seguridad en la designación para el beneficiario frente al testamento, que es esencialmente revocable, pero suscita otras cuestiones que ocupan el capítulo sexto de esta monografía. La remisión al testamento provoca que la capacidad para realizar la designación sea la exigida al concreto negocio: si se trata de testamento notarial, se requiere la capacidad de entender y querer y haber cumplido catorce años; si se trata de testamento ológrafo, la mayoría de edad o la emancipación, según el derecho de que se trate (art. 688.I CC y 408.2 CFA o 421-17.1 CCCat), y, si se admite el pacto sucesorio, la mayoría de edad (art. 431-4 CCCat y 378 CFA, y ley 173.1 FN, salvo, en este último caso, que se haya otorgado en

---

51. La literalidad de la ley 172 FN («Por pacto sucesorio se puede establecer, modificar, extinguir o renunciar derechos de sucesión mortis causa de una herencia o parte de ella, en vida del causante de la misma»), que solo se refiere a herencia, no debe conducir a interpretar que en Navarra no cabe la designación en pacto sucesorio.

capitulaciones, supuesto en que basta con la capacidad para contraer conforme a la ley 83). Otro tanto cabe decir del testamento mancomunado allí donde se admite.

La posibilidad de la designación del beneficiario en testamento, codicilo o pacto sucesorio, según el derecho de la Comunidad Autónoma de que se trate, no altera en nada la naturaleza jurídica ni del contrato del contrato de seguro de renta vitalicia ni del derecho del beneficiario. No se trata de una sucesión, sino de la designación de quien es beneficiario por un negocio entre vivos[52]. El testamento es susceptible de un amplio contenido que no tiene por qué tener carácter sucesorio ni tan solo patrimonial[53]; baste mencionar, por ejemplo, el reconocimiento de la filiación o el nombramiento de tutores. La designación de beneficiarios forma parte del contenido patrimonial no sucesorio del testamento.

Si la designación del beneficiario se realiza en testamento, su eficacia va ligada a la de este, de modo que, si deviene ineficaz, aquella también. El único supuesto que se exceptúa es el reconocimiento de hijos (art. 741 CC, 422-8.2 CCCat, 431.4 CFA), porque se trata de una mera declaración de ciencia y por la superioridad de los intereses en juego, por lo que la designación de los beneficiarios no se independiza de la eficacia global del testamento. Por tanto, si el testamento es nulo, la designación carece de efectos, y, si deviene ineficaz porque se revoca el testamento, aunque en el testamento posterior no se

---

52. BOLDÓ RODA, art. 84, p. 1004; ALBIEZ DOHRMANN, *Disposiciones patrimoniales*, p. 168.

53. ÁLVAREZ LATA, N., «Algunas cuestiones sobre el contenido atípico del testamento», *Anuario da Facultade de Dereito da Universidade da Coruña*, nº 6, 2002, p. 113-131; LACRUZ BERDEJO *et al, Elementos V. Sucesiones,* pp. 167-169; CÁMARA LAPUENTE, S., en CÁMARA LAPUENTE (coord.), MARTÍNEZ DE ALDAZ, DE PABLO CONTRERAS, PÉREZ ÁLVAREZ, *Curso (V). Derecho de sucesiones,* p. 151. Véase, además, RUBIO GARRIDO, T., *Fundamentos del derecho de sucesiones,* Madrid, 2022, p. 224 ss y 294-295.

incluya otra designación distinta de beneficiarios, tampoco desplegará efecto alguno[54].

La designación en testamento o pacto sucesorio plantea el problema de su conocimiento por la entidad gestora o aseguradora obligada a realizar el pago del capital asegurado al beneficiario, en atención, en particular, al carácter no recepticio del testamento. Si el otorgante u otorgantes no comunican a la entidad la designación realizada, pesará sobre el beneficiario la carga de comunicar su designación, demostrando así su legitimación para el cobro. Cualquier disputa judicial sobre la validez del testamento faculta a la entidad obligada al pago a negarse a realizarlo mientras no quede acreditada la eficacia de la designación, por lo que quien pretenda ser beneficiario deberá estar alerta del plazo prescriptivo quinquenal de la acción de reclamación del pago del art. 23 LCS. La entidad gestora o aseguradora podría liberarse pagando a quien conste en la propia póliza o a quien resulte de los datos que proporcione el certificado expedido por el Registro de actos de última voluntad. No debe olvidarse que, cuando se trata de un instrumento de previsión en la modalidad de seguro, la entidad puede enfrentarse al pago de los intereses del art. 20 LCS[55].

---

54.   De la misma opinión CANTERO NÚÑEZ/PARDO GARCÍA, «Acerca de la designación», p. 710; REGLERO CAMPOS, L. F., art. 84, en id. (coord.), *Ley de Contrato de Seguro*, Cizur Menor, Aranzadi, 2007, p. 1261; MUÑIZ ESPADA, E., «Tratamiento en la herencia de seguro de vida para caso de fallecimiento», *Anuario de Derecho Civil*, 1995, pp. 1633-1708, p. 1660. En contra, TIRADO SUÁREZ, art. 84, pp. 2254-2255. BOLDÓ RODA, art. 84, p. 1005, matiza, por su parte, que si la nulidad del testamento fuera por causas formales sí que la designación podría mantener su eficacia como declaración de voluntad autónoma que no seguiría la suerte del testamento, posición que no se comparte, pues la nulidad del testamento no distingue cuando podría hacerlo, como sucede con la eficacia del reconocimiento de hijos a pesar de la nulidad (art. 741 CC) o de que se revoque el testamento y carezca de eficacia (arts. 741 CC y 422-8.1 CCCat); la misma opinión en ALBIEZ DOHRMANN, *Disposiciones patrimoniales*, p. 169.
55.   Véase, por ejemplo, SAP Barcelona, sec. 17ª, 491/2019, de 19 de septiembre, Roj: SAP B 11245/2019, y Murcia 330/2019, de 3 de mayo, Roj: SAP MU 1006/2019.

Dado que el testamento y el contrato con la entidad de previsión o ahorro son actos jurídicos independientes, uno *mortis causa* y el otro oneroso entre vivos, aunque en el primero pueda designarse al beneficiario del segundo, la institución genérica de heredero (instituyo heredera universal a X) no es suficiente para designar el beneficiario del producto de previsión o ahorro[56]; tampoco el legado de depósitos bancarios[57]. Hace falta una atribución específica de la condición de beneficiario[58], aunque sea genérica para todos los productos que tenga adquiridos a su muerte el causante de este tipo («Designo a X beneficiaria de todos los seguros de renta vitalicia y planes de pensiones que tenga contratados a mi muerte»; «Designo a

---

56.   SAP Zaragoza 343/2019, de 24 de abril, Roj: SAP Z 696/2019. Lo mismo la revocación del testamento, que, como se verá en el capítulo tercero, sin más especificación no revoca las designaciones realizadas en los instrumentos de previsión y ahorro o comunicadas posteriormente a favor de quien fue instituido heredero en dicho testamento revocado.

57.   SAP Madrid, sec. 13ª, 280/2019, de 26 de julio, Roj: SAP M 7314/2019, y Valencia 31/2019, de 23 de enero, Roj: SAP V 677/2019. Lo mismo la SAP Madrid, sec. 10ª, 89/2022, de 14 de febrero, Roj: SAP M 2194/2022, aunque omite transcribir el concreto redactado de la cláusula testamentaria, sin que se pueda compartir, sin más, el razonamiento que, conforme a la literalidad del art. 84 LCS, «la designación en el testamento debe ser de forma posterior a la suscripción de la póliza, lo que no ocurre en el presente supuesto, dado que el testamento fue suscrito en 1999 y la póliza en el año 2010»; ni el artículo exige tal cosa ni, aunque en el caso concreto pueda ser un argumento útil, nada impide en el testamento prever una futura contratación de instrumentos de previsión y ahorro.

58.   Así opina también la SAP Barcelona, sec. 14ª, 599/2017, de 23 de noviembre, Roj: SAP B 12179/2017: «No hay ninguna modificación expresa de los beneficiarios de las pólizas y en modo alguno puede calificarse de tal el hecho indiscutido de que se designe a los demandados como universales herederos del resto de bienes, derechos y acciones, pues, como indicamos ut supra, el capital integrante de las pólizas no formaba parte del patrimonio de la causante en cuanto expresamente designaba beneficiario». Véase, también, la SAP Murcia 46/2014, de 4 de febrero (Roj: SAP MU 240/2014), que decide que los derechos legales de viudedad no confieren ningún derecho sobre el capital asegurado en un contrato de «pensión vitalicia inmediata». La SAP Cantabria 381/2023, de 6 de julio, Roj: SAP S 820/2023, contempla un supuesto en que no se efectuó designación en algunas de las pólizas, sino que se hizo por medio de legado.

X beneficiaria del capital asegurado en todos los productos que tenga contratados en cualquier entidad de previsión o ahorro»). En el caso de la SAP Coruña 258/2022, de 21 de junio[59], la Sala entiende, a mi parecer generosamente, que un seguro de renta vitalicia contratado por la causante estaba comprendido en el legado de «el dinero existente en cualesquiera depósitos, cuentas, planes y/o productos financieros, independientemente de su denominación, así como todas las acciones y títulos de valores que sean titularidad única o compartida de la testadora en la entidad "Caja de Ahorros (…)"».

6. FÓRMULAS DE DESIGNACIÓN DE LOS BENEFICIARIOS

Existe una enorme variedad de fórmulas para que el tomador de un instrumento de ahorro o previsión designe a los beneficiarios. Los art. 85 y 86 LCS establecen normas interpretativas[60] que pretenden ofrecer un sentido a diferentes expresiones con las que cabe designar a los beneficiarios, sin que ello impida que los interesados puedan probar que, en realidad, la voluntad del concreto designante era otra. Con todo, estos artículos solo contemplan algunos supuestos. Por ello, puede acudirse a las normas de derecho de sucesiones sobre interpretación de la institución de heredero, para ayudar a completar el proceso interpretativo dentro de esta necesaria acomodación de los estos instrumentos de sucesión y ahorro a la sucesión por causa de muerte.

---

59.   Roj: SAP C 1974/2022.
60.   STS 20 de diciembre de 2000, RJ 2001/1509: «El artículo 85 de la Ley de Contrato de Seguro es una norma interpretativa especial destinada a salvar las dudas que pudiera plantear la designación de los beneficiarios de un seguro de vida».

6.1. Designación nominativa

Es habitual la designación nominativa, esto es, identificando al beneficiario por su nombre y apellidos, y, además, el DNI. Es el modo más seguro, ya que no permite albergar la duda de a quién se ha designado[61]. Con todo, sería igualmente válida la designación mediante otros datos que individualicen al beneficiario, como «mi hija primogénita», «mi hermano mayor» o cualquier otra, es decir, «reglas para su determinación», en expresión del art. 84.3 LCS. Sin embargo, lo cierto es que no abundan los casos de estas fórmulas, probablemente por la intervención de los empleados de las entidades y el uso frecuente de casillas que solo deben marcarse o pincharse.

Lo anterior no significa que la designación nominativa no pueda ser fuente de otros conflictos. Puede suceder, por ejemplo, que una persona designe nominativamente a sus hijos y uno de ellos premuera. Como se ha advertido, el beneficiario no adquiere su derecho de manera firme al capital asegurado más que a la muerte del tomador o asegurado. La premoriencia impide que consolide derecho alguno al capital, por lo que no podrá transmitir ningún derecho a sus propios herederos. El resultado es que los designados nominativamente que sobrevivan al causante acrecerán la parte del designado premuerto, como prevé expresamente el art. 86 *in fine* LCS[62]. Este es un

---

61.   Véase la SAP Barcelona, sec. 4ª, 487/2021, de 16 de septiembre, Roj: SAP B 10601/2021. Salvo que se trate de personas que se llaman igual y no sean identificadas, además, por un elemento individualizador (por ejemplo, su DNI). En tal eventualidad debería acudirse a las normas de derecho sucesorio. Conforme al art. 773.II CC, si las personas se llaman igual y sus circunstancias no permiten distinguir al instituido, ninguno será heredero; aplicado al campo de la designación, ninguno sería beneficiario. Si, tras la designación, la persona designada modifica su sexo y, por ende, su nombre, mientras pueda ser identificada como la que fue designada, aquella será eficaz.

62.   Este precepto se aplica en cualquier supuesto en que uno o más de los designados no adquieran, sea la premoriencia u otro como la renuncia, resultando siempre en el acrecimiento a favor de los demás designados sin ninguna distinción.

resultado que puede ser inequitativo cuando el premuerto tenga descendencia, más aún si todos los beneficiarios eran parientes en la línea recta descendiente del tomador del producto, y las más de las veces este resultado no se compadecerá con la voluntad del designante, que hubiera preferido que, designados beneficiarios sus tres hijos, la parte del premuerto se transmitiera a sus propios descendientes en vez de acrecer a los hermanos.

Este resultado inicuo se podría evitar fácilmente con el nombramiento de sustitutos. Ello es posible no solo en derecho de sucesiones (la sustitución vulgar), sino también en el derecho contractual (por ejemplo, el nombramiento de mandatarios sustitutos) o el derecho de familia (como los tutores sustitutos en la delación voluntaria de la tutela). Perteneciendo los instrumentos de ahorro y previsión al ámbito contractual en que prima la autonomía privada, no se detecta ningún obstáculo a que el tomador prevea la eventualidad de la premoriencia de uno o más de los beneficiarios y nombre uno o más sustitutos por si ello acaece. La realidad, sin embargo, es que los formularios que usan las entidades con frecuencia no lo permiten, lo que es una limitación injustificada técnicamente a la expresión de la voluntad del designante[63].

En derecho estadounidense, la sustitución del designado que premuere al tomador por su estirpe opera *ope legis,* de acuerdo con la sección 2-706 del *Uniform Probate Code,* que ha sido adoptada en diversos estados federados y que se aplica a los *will substitutes*[64]. Ante la inequidad que puede representar la premoriencia de uno de los designados, la reacción es contundente para evitarla: la sustitución funciona automática-

---

63.   Nada impide que los tribunales puedan interpretar las cláusulas de designación y llegar a un resultado similar. Es el caso de la SAP Alicante 254/2022, de 20 de mayo, Roj: SAP A 934/2022, cuando estima que, no concurriendo designación específica, resultaba aplicable la designación que resultaba del testamento, en que el hijo de la hija premuerta de la tomadora y causante recibía el mismo trato que las otras hijas vivas de dicha causante.

64.   LESLIE/STERK, «Revisiting», p. 9.

mente a favor de la estirpe, aunque no se haya establecido así en la designación, a menos que la eventualidad se haya previsto otorgándole una solución distinta.

Entre los designados nominativamente, el capital asegurado se reparte por partes iguales, salvo que el designante haya indicado otra cosa. Esta norma, que se contiene en el art. 86 LCS, es común a todos los nombramientos plurales: salvo estipulación contraria, se entiende siempre realizada por partes iguales (arts. 765 CC, 423-6.1 CCCat, 472.a CFA). El reparto igualitario es independiente de la calidad o grupo a que pertenezcan los beneficiarios: si el tomador designa a su esposa y a sus dos hijos Juan y José, se reparten el capital por terceras partes iguales, aunque dos sean hijos y uno cónyuge, y lo mismo sucede si se designa al hijo Segismundo, al primo Segundo y al amigo Facundo. El reparto igualitario es también independiente de la institución de heredero que haya podido realizar el tomador en su testamento; tratándose de una designación nominativa, no entra en juego la segunda regla del art. 86 LCS («Cuando se haga en favor de los herederos, la distribución tendrá lugar en proporción a la cuota hereditaria, salvo pacto en contrario»), por lo que la distinta proporción en que hayan sido instituidos los beneficiarios, si es el caso, en el testamento, no puede reputarse como una estipulación en contrario del designante.

6.2. Designación genérica

La designación puede ser también genérica o por grupos de personas que reúnen determinadas cualidades: hijos, descendientes, hermanos, etc. La LCS regula diversos supuestos de designaciones genéricas de beneficiarios, y dispone para dichos supuestos una interpretación legal. La premoriencia de alguno de los designados genéricamente supone, como ya se ha apuntado, el acrecimiento a los restantes en aplicación del art. 86 *in fine* LCS[65].

_____

65.   La SAP Coruña 217/2019, de 7 de junio, confirma este resultado con un largo razonamiento, que se transcribe, al que siguen todavía hasta diez razones más: «un hecho incontrovertido que en la póliza objeto de la presente Litis (artículo 7 de las Condiciones Generales), se recoge la designación de beneficiarios de forma sucesiva y excluyente: 1) al cónyuge 2) a los hijos por partes iguales 3) a los padres, por partes iguales 4) a los herederos legales. Así pues, como conclusiones lógicas derivadas de dicha previsión de la póliza, se extraen las dos siguientes: 1.-) que existiendo alguno de estos beneficiarios el capital se integrará en el patrimonio del beneficiario que corresponda con arreglo al orden excluyente allí previsto. 2.-) que claramente se distingue entre hijos y herederos, prefiriéndose a aquéllos frente a éstos que son llamados en último lugar. También en dicho artículo 7 se reconoce el derecho a la designación de beneficiario y/o revocación por parte del tomador del seguro, «cambio que podrá hacerse mediante declaración escrita comunicada al asegurador». Igualmente son hechos incontrovertidos que el asegurado falleció sin cónyuge y sin padres y que, a su fallecimiento, tan sólo vivía una hija por haberle premuerto el otro hijo (padre, a su vez, de las actoras de la presente Litis). Según el orden de prelación de beneficiarios, y dado que el causante era viudo al momento de su fallecimiento y no tenía padres el beneficiario de la póliza serían los hijos del asegurado por partes iguales. No obstante, esta parte entiende y así ha defendido a lo largo del procedimiento, que habida cuenta de que solo había un hijo vivo al momento de fallecimiento de su padre, es dicho hijo el único beneficiario de la póliza. Por el contrario, la Sentencia de instancia entiende que las actoras (nietas del asegurado) también son beneficiarias de la póliza al aplicarse el artículo 85 de la Ley de Contrato de Seguro y al tratarse de una designación genérica de beneficiarios, han de considerarse como hijos el supérstite y los descendientes con derecho a herencia del premuerto. A tales efectos interpreta que el referido artículo 85 habla de "descendientes" y no de "hijos", que el beneficiario premuerto no transmite su expectativa a sus descendientes, sino que, premuerto el hijo son beneficiarias las actoras por ser descendientes con derecho a herencia. No obstante, en primer lugar hemos de señalar que, de seguirse la tesis mantenida por el Juzgador de instancia, carecería de sentido que se designasen en el orden de prelación de beneficiarios los herederos legales. Éstos últimos, entre los que se encuentran las actoras, sólo resultan beneficiarios de la póliza en defecto de cónyuge, hijos o padres del asegurado al momento de su fallecimiento. Además, de conformidad con el invocado artículo 86 de la Ley de Contrato de Seguro, la premoriencia del hijo del asegurado (padre, a su vez, de las actoras), implica el derecho de acrecer de los demás hijos, una en este caso. La prestación debida en virtud del seguro de vida es un derecho que se constituye por el fallecimiento del asegurado, de manera que no forma parte de cau-

6.2.1. Designación genérica a favor de los hijos

Ante una designación genérica de los hijos de una persona, el art. 85, primer inciso, LCS, señala que «se entenderán como hijos todos sus descendientes con derecho a la herencia». Esta expresión es equívoca y conviene precisar lo siguiente:

a) La expresión «derecho a la herencia» no debe equipararse a «vocación» o a ser llamado a la herencia, pues entonces, en un sistema de vocación simultánea como el nuestro[66], tendrían derecho al capital asegurado tanto todos los descendientes ilimitadamente —hijos, nietos, biznietos, pues todos ellos tienen vocación a la sucesión intestada que se abriría si el testamento fuere nulo o no se hubiere testado— como todos los llamados —herederos fiduciarios y fideicomisarios—, pues todos ellos pueden acabar adquiriendo la herencia si concurren determinados hechos (premoriencia, repudiación, declaración de ausencia, etc.).

b) Los hijos pueden ser llamados a título de heredero, de legado o simplemente como legitimarios (legado simple de legítima), pero no pueden ser tenidos todos ellos por beneficiarios con independencia del título concreto por el que han sido llamados, pues entonces nacería otro

---

dal relicto y el beneficiario lo es porque así resulta de la correspondiente póliza, no por su condición de heredero. Como tiene declarado el Tribunal Supremo (entre otras en Sentencia de 14 de marzo de 2.003) el beneficiario es distinto de los herederos, aunque puedan coincidir y las cantidades que como beneficiario del seguro ha de percibir son de su exclusiva propiedad, por lo que no se integran en la herencia del causante. Bien pudo el asegurado, si esa era su voluntad, haber establecido a las actoras como beneficiarias de la póliza, o bien mediante una comunicación a mi mandante o bien mediante testamento designándolas como beneficiarias de la póliza. Sin embargo, ha resultado acreditado que nunca lo hizo».

66. Por todos, LACRUZ BERDEJO *et al, Elementos (V). Sucesiones,* p. 30; para el derecho catalán, DEL POZO CARRASCOSA/VAQUER ALOY/BOSCH CAPDEVILA, *Derecho de sucesiones,* p. 444.

problema, que sería el de decidir en qué proporción han sido designados: el art. 86 LCS abriría la posibilidad tanto del reparto igualitario, si se entendiera que todos son beneficiarios, como del reparto proporcional en función de la cuota hereditaria, pero este criterio no podría aplicarse a los legatarios y difícilmente a los simples legitimarios.

Por ello, la expresión «derecho a la herencia», a los efectos de la designación genérica de beneficiarios, debe reducirse a los hijos y descendientes que serían herederos abintestato del contratante, y ello con independencia de que la sucesión sea efectivamente intestada. Se aplican, pues, las normas de la sucesión intestada de los hijos y descendientes, incluida la representación sucesoria. Esta conclusión permite aseverar que no hay diferencia alguna según el carácter de la filiación, por naturaleza o adopción, y, dentro de la primera, entre matrimonial y no matrimonial, teniendo en cuenta la igualdad de los efectos de la filiación cualquiera que sea su origen (art. 39 CE, 108.II y 931 CC, 235-2.1 y 443-1 CCCat, 56 y 521 CFA; además, argumento *ex* art. 772.III CC). La solución sería la misma si resultara de aplicación la norma sucesoria interpretativa del derecho civil catalán para el caso de la institución genérica de los hijos, pues el art. 423-8.1 CCCat dispone que, salvo que resulte ser otra la voluntad del causante, «si este llama a sus herederos y legatarios o a sus sustitutos sin designación de nombres, mediante la expresión hijos, se entiende que están incluidos todos sus descendientes, con aplicación del orden legal de llamamientos de la sucesión intestada».

El requisito básico para devenir beneficiario en la condición de hijo es que la filiación respecto al tomador esté legalmente determinada. No hay previsión legal relativa al supuesto que esté pendiente una demanda de reclamación de la filiación; el art. 966 CC solo contempla la suspensión de la partición en el supuesto de *nasciturus* y el art. 464-2.b) CCCat, que sí contempla específicamente la suspensión por la interposición de demanda de filiación, es una norma de sucesiones que, para poder aplicarse al ámbito de los productos de ahorro y previsión con designación de beneficiarios, requiere una muy difícil analogía. Particular atención merecen los supuestos de filiación *post mortem*, tanto si se trata de filiación por naturaleza como si es un supuesto de adopción. La LCS no contiene previsión al respecto, lo que no debe extrañar en atención a su fecha de promulgación. En principio, si al momento del fallecimiento del contratante no hay concepción o no se ha constituido formalmente la adopción, podría pensarse que los nacidos por fecundación asistida *post mortem* o los adoptandos cuya adopción no se ha constituido formalmente mediante la necesaria resolución judicial quedarían excluidos de la categoría de «descendientes con derecho a la herencia». Sin embargo, tal resultado se intuye injusto. En cuanto a la fecundación *post mortem* que ha consentido el tomador, no parece que deba surgir dificultad para asimilarla a un concebido, siempre que la fecundación se practique dentro de los plazos legales que determinan la filiación respecto al fallecido (art. 9.2 Ley 14/2006, de 26 de mayo, sobre técnicas de reproducción humana asistida, y 235-8.2.c CCCat); analógicamente deben aplicarse los preceptos que prevén la suspensión de la partición de la herencia (art. 966 CC y, más específicamente, art. 464-2.c CCCat), en el sentido de que la entidad gestora o aseguradora debe suspender la entrega del capital asegurado hasta que se compruebe que el nacido es hijo a todos los efectos del difunto o, por el contrario, que la fecundación ha sido infructuosa dentro del plazo legal. En definitiva, como indica el art. 325.3 CFA, «[s]i el causante ha expresado en debida forma su voluntad de fecundación asistida *post mortem* con su material reproductor, los hijos así nacidos se considerarán concebidos al tiempo de la apertura de la sucesión siempre que se cumplan los requisitos que la legislación sobre esas técnicas de reproducción establece para determinar la filiación». Esta es la solución que debe valer para todos los ordenamientos jurídicos que coexisten en España. Y lo mismo rige para la declaración de la filiación respecto del tomador como consecuencia del ejercicio de una acción de reclamación una vez fallecido este.

En cuanto a la adopción, el art. 176.3 CC dispone que, en los tres primeros supuestos del apartado 2 (adoptando huérfano y pariente del adoptante en tercer grado, hijo del consorte adoptante y llevar más de un año en acogimiento preadoptivo), podrá constituirse la adopción aunque el adoptante hubiere fallecido, siempre que hubiera prestado ya su consentimiento ante el juez; pero no así en el cuarto supuesto, cuando se trate de un mayor de edad o emancipado, por lo que en tal caso no se producirá el efecto previsto, que es que «los efectos de la declaración judicial (...) se retrotraerán a la fecha de la prestación de tal consentimiento». El derecho catalán también contiene la previsión de la constitución *post mortem* de la adopción, en el art. 235-32.3 CCCat, que es el precepto dedicado a la adopción de los menores de edad, y no la repite en el art. 235-33 CCCat relativo a la adopción de los mayores de edad, por lo que hay que concluir que la solución es la misma que en el Código Civil, incluso aunque no se diga expresamente que se produce efecto retroactivo a la fecha de la prestación del consentimiento por el donante, puesto que sí se explicita que se suspende la partición (art. 464-2.c CCCat). De este modo, si el adoptando era un mayor de edad o emancipado, no podrá ser considerado hijo a ningún efecto, tampoco a los de ser beneficiario genérico del capital asegurado cuando el tomador ha designado genéricamente a sus hijos.

Tampoco pueden ser tenidos por hijos a estos efectos los que lo sean solo del cónyuge o conviviente en las familias reconstituidas. Estos únicamente pueden llegar a ser beneficiarios si la designación es nominativa.

Pese a que, en general, tal como se ha señalado anteriormente, las causas de inhabilidad e indignidad no pueden extenderse al beneficiario del seguro de renta vitalicia en la medida en que es un adquirente por vía contractual, la llamada a quienes tengan «derecho a la herencia» excluye de la condición de beneficiarios en la designación genérica a cuantos resulten privados de tal derecho por razón de su conducta. La aplicación en este caso viene determinada porque se ha designado a quien tiene derecho a la herencia, y los indignos y los inhábiles para suceder pueden ser relegados de la sucesión si la causa en que incurren es alegada con éxito por quien tenga legitimación para ello. Se trata de aquellos llamados a la herencia que sean apartados de la sucesión por indignidad en tanto que hayan incurrido en alguna de las causas previstas de indignidad en los arts. 756 CC, 412-3 CCCat o 328 CFA y de inhabilidad en los art. 752 a 755 CC y 412-5 CCCat. Ahora bien, es preciso tener en cuenta que las causas de inhabilidad y de indignidad sucesoria no operan *ope legis*, sino que deben ser alegadas y probadas por aquel a quien aproveche la declaración (art. 760 y 762 CC[67], 412-6 CCCat, 330 CFA). Por consiguiente, para impedir que la entidad financiera/aseguradora efectúe el pago, no basta con alegar que el beneficiario ha incurrido en causa de inhabilidad o de indignidad, sino que, por lo menos, habrá que acreditar que se ha interpuesto la correspondiente acción declarativa. Y, de todas maneras, el pago realizado al beneficiario es correcto, sin perjuicio de que, si se estima la demanda, al haber perdido el «derecho a la herencia», se pueda reclamar al beneficiario la restitución del capital asegurado. La legitimación corresponde exclusivamente a quien aproveche la declaración judicial de indignidad o inhabilidad; el heredero, pues, aunque no sea cobeneficiario en la designación, si puede lograr incrementar su participación en la herencia a costa del indigno, posee interés en hacer valer esa declaración ante la aseguradora puesto que, si decaen las designaciones, el capital asegurado se integra en la herencia (art. 84.3 LCS). Con todo, siendo la indignidad una tacha de carácter personalísimo, hay que tener en cuenta que operaría la representación sucesoria, en este sistema de designación que

---

67. Díez-Picazo/Gullón, *Sistema*, IV, p. 36-37; Lacruz Berdejo *et al*, *Elementos (V). Sucesiones*, p. 64; Herrero Oviedo, M., art. 762, en Cañizares Laso, A., de Pablo Contreras, P., Orduña Moreno, J., Valpuesta Fernández, R. (dir.), *Código Civil comentado*, Cizur Menor, 2011, p. 659 ss, con exposición de la teoría alternativa que defiende la ausencia de delación y, por ende, su funcionamiento *ope legis*.

remite a las reglas de la intestada, a favor de la estirpe de descendientes del indigno (art. 929 CC, 447-7.1 CCCat, 338 CFA)[68].

6.2.2. *Designación genérica a favor de los herederos*

El segundo supuesto que contempla el art. 85 es la designación «a favor de los herederos del tomador, del asegurado o de otra persona« o »de los herederos sin mayor especificación». En tal caso, el legislador entiende que «se considerarán como tales los que tengan dicha condición en el momento del fallecimiento del asegurado». La norma es, desde el punto de vista sucesorio, escasamente técnica, pues en un sistema de adquisición de la herencia por aceptación, como son todos los ordenamientos españoles, al fallecimiento del causante no hay herederos, sino llamados. Por consiguiente, se efectúa una remisión a las normas que rijan la sucesión del contratante de los instrumentos de previsión y ahorro con el fin de determinar los concretos beneficiarios. Además, el beneficiario, para serlo, no está obligado a aceptar la herencia[69]. Así se desprende del art. 85 LCS, que advierte que «los beneficiarios que sean herederos conservarán dicha condición aunque renuncien a la herencia». Por consiguiente, si el tomador designó a una amiga en la póliza y luego la instituyó en su testamento heredera única y esta renuncia a la herencia y procede abrir la sucesión intestada en la que resultan herederas las sobrinas, la beneficiaria de la póliza es la amiga y no las sobrinas, aunque aquella haya acabado por

---

68. REGLERO CAMPOS, art. 85, p. 1264, y «Beneficiarios y herederos», p. 217; BOLDÓ RODA, art. 85, p. 1013; CANTERO NÚÑEZ/PARDO GARCÍA, «Acerca de la designación», p. 711. En contra de que opere la representación sucesoria se ha manifestado TIRADO SUÁREZ, art. 85, pp. 2266-2267, con el argumento de que no hay previsión expresa y que la representación «se limita al ámbito de la sucesión intestada con independencia de la hipótesis marginal del art. 844 CC».

69. Así lo recogen algunas designaciones preredactadas, como la que aparece en la SAP Barcelona, sec. 17ª, 491/2019, de 19 de septiembre, Roj: SAP B 11245/2019: «En cas que no existís designació expressa de beneficiaris en la cobertura de defunció, s'entendrà que ho són els designats com a hereus de l'assegurat, sense necessitat d'acceptació de l'herència».

no ser heredera y estas sí. La STS 1199/2000, de 20 de diciembre[70], reconoció como beneficiaria a la madre del tomador en una designación realizada a favor de los «herederos legales», aunque renunció a la herencia intestada, con preferencia al cónyuge, de acuerdo con el orden de la intestada en el Código Civil.

En virtud de esta remisión, debe atenderse a cómo se ha abierto la sucesión del tomador. A primera vista, hay que afirmar que, si su sucesión es testamentaria, los beneficiarios serán los instituidos herederos en el testamento; si es intestada, los herederos abintestato; y, en los derechos civiles que la admiten, si es contractual, aquel o aquellos que hayan sido instituidos herederos. Si el ordenamiento jurídico en cuestión admite la apertura parcial de la sucesión intestada, como sucede, por ejemplo, en el Código Civil o en el derecho aragonés, los beneficiarios serán tanto los herederos testamentarios como los legales, y se repartirán el capital asegurado en proporción a su respectiva cuota en el total del caudal relicto y, en su defecto, por partes iguales.

Los legatarios no adquieren, en atención a cuanto se acaba de decir, la condición de beneficiarios en ningún caso, ni siquiera cuando son legatarios de parte alícuota o del usufructo universal[71]. El art. 86 LCS proporciona un argumento contun-

---

70.   Roj: STS 9469/2000.

71.   SAP Almería de 2 de octubre de 2002, AC 1712: «no cabe la menor duda, del examen de la póliza, ante la rotundidad con que se manifiesta el tomador de que los beneficiarios del seguro son sus herederos legales, no atiende a los posibles perjudicados con el fallecimiento, sino que concreta a los herederos legales del fallecido. Tal determinación nos lleva a considerar como tales los que establece el art. 85 de la Ley del Contrato de Seguros, Ley 50/1980, que recoge como tales a los que tengan tal condición en el momento del fallecimiento del asegurado conservando la misma incluso en caso de renuncia lo que incide aún más en la independencia entre el derecho a heredar y el de percibir la indemnización. (…) del razonamiento anterior se llega a la conclusión de la capital importancia de la consideración de quiénes son los herederos del fallecido, posición en la que discrepan las partes. De la lectura del testamento se desprende por un lado la posición inequívoca de la hija denominada por el testador como

dente, al referirse a las «cuotas hereditarias». Lo mismo ocurre con los descendientes que son meramente legitimarios en la sucesión, ya sea por vía de legado simple de legítima o porque han impugnado con éxito una preterición o una desheredación. Mayores dificultades plantea el supuesto en que el testador ha ordenado su sucesión mediante figuras híbridas, como herederos en cosa cierta o en usufructo, legatarios de parte alícuota no acompañados de institución de heredero, distribución de toda la herencia en legados donde sea ello posible, etc., supuestos que obligan a interpretar la voluntad testamentaria con el fin de discernir quién asume la cualidad de heredero de entre los favorecidos en el testamento. Por otra parte, hay que restringir la cualidad de beneficiario al heredero llamado en primer lugar cuando el testador ha formulado una delación sucesiva. Así, en el caso de la sustitución fiduciaria, debe limitarse la condición de beneficiario al heredero fiduciario, sin que el fideicomisario pueda reclamar parte alguna en el capital asegurado, ni tampoco de manera sucesiva cuando se cumpla el plazo o la condición que hace efectiva su delación, ya que, pese a la remisión al derecho sucesorio, la adquisición del capital lo es por un título entre vivos, y la remisión lo es a los únicos efectos de la individualización de los beneficiarios.

Debe tenerse por designado beneficiario al sustituto vulgar, cuando se frustra la llamada al instituido en primer lugar. No hay duda de que el sustituto vulgar ha sido instituido heredero por el tomador, aunque sea para el evento de que el primer instituido no quiera o no pueda aceptar, y de que es quien tie-

---

«herederos universales a su hija Ana María C. P., y a los demás que pudiera tener de su actual matrimonio» (al parecer sin hijos), a la que sin duda alguna cabe considerar con tal condición. Mas la posición de la esposa señora P. P., aparece en primer lugar como legataria en cuanto al usufructo universal y vitalicio de su patrimonio —anterior al fallecimiento— y asimismo le reconoce el derecho a la cuota vidual usufructuaria que recoge el art. 834 del Código Civil, posiciones éstas que son reconocidas, pero que si bien reconocen un derecho a favor de la vida [sic; debe decir viuda] sobre el caudal hereditario, no se le concede tal derecho por su cualidad de heredera legal».

ne derecho a la herencia en el momento del fallecimiento del tomador, por la frustración de la delación priorizada; en el derecho catalán hay el argumento añadido de la afirmación expresa de la delación simultánea de sustituido y sustituto (art. 425-4.1 CCCat).

En el caso de las figuras fiduciarias —en Cataluña y Navarra, de los herederos de confianza (art. 424-11 ss CCCat, leyes 289 ss FN)—, no son verdaderos herederos en el sentido de estar llamados a la adquisición de la herencia o parte de ella[72] y, por ello, dispone el art. 424-14.1 CCCat que «no pueden hacer definitivamente propios los bienes de la herencia o el legado ni sus subrogados, que quedan completamente separados de sus bienes propios». Puede decirse que su carácter de herederos tiene un tinte instrumental: la institución de heredero —o el legado— no es más que el instrumento que permite la realización de la confianza encargada por el testador. Además, conforme al art. 424-14.2 CCCat, «una vez revelada la confianza, si el testador no dispone otra cosa, los herederos y legatarios de confianza tienen, respectivamente, la condición de albaceas universales y albaceas particulares» —similarmente se expresa la ley 291 FN—, perdiendo aquella otra condición que sólo ostentaban formalmente. Por consiguiente, si el heredero de confianza es un heredero meramente formal al fallecimiento del tomador y una vez revelada la confianza deja de ser heredero y se convierte en albacea, no parece que pueda reputársele como persona «con derecho a la herencia», puesto que, además, si revelan la confianza a su favor caduca la herencia de confianza (art. 424-15.1 CCCat), por lo que hay que concluir que no puede ser tenido por beneficiario, y el supuesto debe asimilarse al de falta de designación, con lo que el capital asegurado se integra en la herencia del tomador. Las mismas ideas rigen para los fiduciarios de derecho aragonés (art. 439 ss

---

72.   Véase CÁMARA LAPUENTE, S., *La fiducia sucesoria secreta,* Madrid, 1996, p. 519 ss, con argumentos múltiples para negar que los herederos de confianza puedan ser equiparados a un verdadero heredero.

CFA), que tampoco pueden ser considerados herederos a estos efectos[73]. Por supuesto, los albaceas tampoco pueden equipararse al heredero, pues la función que les corresponde es ejecutar la última voluntad del causante, sin tener por su condición de tales «derecho a la herencia» en los términos en que se expresa el art. 85 LCS. Lo mismo vale para los albaceas universales del derecho de sucesiones catalán, que llegan a sustituir la necesaria institución de heredero (art. 429-7 CCCat), incluso, sin que ello les convierta en herederos ni les confiera derecho alguno sobre la herencia[74]. Quien es nombrado albacea en testamento, pues, carece de derecho a la herencia por lo que no alcanza a ser beneficiario.

La designación de beneficiario no lo convierte ni en heredero ni en legatario. Esto es obvio si la designación se produce en el mismo contrato de suscripción del producto de ahorro o previsión, puesto que es un negocio entre vivos no sucesorio. Y lo mismo sucede, como se ha dicho, con la designación testamentaria de los beneficiarios, que es contenido no sucesorio del testamento, codicilo o pacto sucesorio; el designado simplemente se convierte beneficiario del producto contratado por el causante, y esto no le atribuye ningún título sucesorio.

La llamada a la institución de heredero alcanza a la cuota en que los designados son beneficiarios, pues, conforme al art. 86 LCS, la distribución del capital tiene lugar en proporción a la cuota hereditaria, salvo pacto en contra. Por lo tanto, en principio se excluye la adquisición por partes iguales.

---

73. Martínez-Cortés Gimeno, M. A., *La fiducia sucesoria aragonesa,* Zaragoza, 2008, pp. 19-22; Parra Lucán, M. Á., «La fiducia sucesoria», en Delgado Echeverría, J. (dir.), *Manual de derecho civil aragonés,* 2ª ed., Zaragoza, 2006, p. 586.
74. Del Pozo Carrascosa/Vaquer Aloy/Bosch Capdevila, *Derecho de sucesiones,* p. 301: «que el albacea universal ocupe el papel del heredero no significa que él mismo lo sea».

6.3. Otras designaciones genéricas no contempladas en la Ley del Contrato de Seguro

Hay otras posibilidades de designaciones genéricas que la Ley del Contrato de Seguro no contempla, pero que sí disponen de norma interpretativa en los derechos de sucesiones y que, ante la laguna legal, cabe aplicar analógicamente. Son las siguientes:

a) Designación nominativa de uno o más beneficiarios y colectiva de otros. Es el supuesto del art. 769 CC, conforme al que «los colectivamente nombrados se considerarán como si lo fueren individualmente», salvo que conste la voluntad contraria del testador[75]. De este modo, se presumiría que, designados Juan y los hijos de María, todos ellos serían beneficiarios por partes iguales del capital asegurado. Lo mismo establece el art. 472.b CFA. La solución es distinta en derecho catalán, pues de acuerdo con el art. 423-6.2 CCCat, «si los herederos instituidos son llamados los unos individualmente y los otros colectivamente, se entiende que se atribuye conjuntamente a estos últimos una parte igual a la de cada uno de los designados individualmente, salvo que la voluntad del testador sea otra». De este modo, a diferencia de cuanto prevé el Código Civil, el capital asegurado se divide en tantas partes como sean llamados individualmente más otra para los llamados colectivamente, que participan en proporción igual conjuntamente a cada llamado individualmente.

b) Designación genérica de los hermanos. El art. 770 CC interpreta la disposición testamentaria en el sentido que, si el testador tiene hermanos de doble vínculo y de vín-

---

75. GORDILLO CAÑAS, A., art. 769, en Ministerio de Justicia, *Comentario*, p. 1888 ss; GÓMEZ CALLE, E., art. 769, en Cañizares/De Pablo/Orduña/Valpuesta (dir.), *Código Civil*, p. 769 ss.

culo sencillo, se aplicarán las normas de la sucesión intestada, conforme a las que aquellos reciben el doble que estos (art. 949 CC)[76]. Lo mismo rige en derecho aragonés, de acuerdo con el art. 472.a CFA: «Los sucesores designados simultáneamente sin atribución de partes se entienden llamados por partes iguales. Por excepción, si se llama a los hermanos del causante sin hacerlo nominalmente, los de padre y madre toman doble porción que los medio hermanos». La solución, por el contrario, debe ser diferente en derecho catalán, pues en el CCCat ha desaparecido la distinción entre hermanos de vínculo doble y sencillo. Así, el art. 442-10.1 dispone que «los hermanos, por derecho propio, y los hijos de hermanos, por derecho de representación, suceden al causante con preferencia sobre los demás colaterales, sin distinción entre hermanos de doble vínculo o de vínculo sencillo»[77]. Por consiguiente, si el contrato está sujeto al derecho civil catalán, en el caso de la designación genérica de los hermanos, todos serían beneficiarios por partes iguales, mientras que, si resulta de aplicación cualquiera de los restantes derechos civiles españoles, los hermanos de doble vínculo reciben una porción doble que los hermanos de vínculo sencillo del capital asegurado.

c) *Designación de una persona y sus hijos.* El art. 771 CC señala que, cuando el testador instituye a una persona y a sus hijos, se entienden instituidos todos ellos conjuntamente y no sucesivamente[78]. Lo mismo contempla el art. 472.b CFA. Eso significa que, en el seguro de renta

---

76.   GORDILLO CAÑAS, A., art. 770, en Ministerio de Justicia, *Comentario*, p. 1890-1891; GÓMEZ CALLE, E., art. 770, en Cañizares/De Pablo/Orduña/Valpuesta (dir.), *Código Civil*, p. 695-697 ss.

77.   NAVAS NAVARRO, S., art. 441-9, 441-10 y 442-11, en Egea/Ferrer (dir.), *Comentari*, p. 1286.

78.   Véase GORDILLO CAÑAS, A., art. 769, en Ministerio de Justicia, *Comentario*, p. 1891-1892; GÓMEZ CALLE, E., art. 771, en Cañizares/De Pablo/Orduña/Valpuesta (dir.), *Código Civil*, p. 698-700.

vitalicia, si el tomador designa a Juan y a sus hijos —que son tres—, cada uno tiene derecho a un cuarto del capital asegurado. Nuevamente el derecho catalán contiene una solución dispar, pues conforme al art. 423-7.1, «si han sido instituidos herederos una persona determinada y sus hijos, se entiende que estos son llamados como sustitutos vulgares, salvo que la voluntad del testador sea otra»[79], con lo que el padre sería el único beneficiario y los hijos solo lo serían en defecto de su progenitor.

d) *Designación genérica de los parientes.* No se contempla en el Código Civil, pero sí en el Código Civil de Cataluña para la institución de heredero, con la siguiente solución: «Si el testador llama a sus herederos o legatarios sin designación de nombres, mediante las expresiones herederos míos, herederos legítimos, herederos intestados, parientes más próximos, parientes, sucesores, aquellos a quien por derecho corresponda o los míos, o utilizando expresiones similares, se entiende que son llamados como herederos testamentarios o legatarios los parientes que, en el momento de deferirse la herencia o el legado, habrían sucedido ab intestato al testador, de acuerdo con el orden legal de llamamientos, incluido el cónyuge o el conviviente en pareja estable, y con el límite del cuarto grado, salvo que se infiera que su voluntad es otra». Por consiguiente, la solución es equivalente en cuanto a la invocación del orden de suceder abintestato que cuando se designa genéricamente a los hijos[80].

6.4. El reparto entre los beneficiarios genéricos

El modo de repartir el capital asegurado entre los beneficiarios genéricos depende de cómo se resuelva la denominación.

---

79.   LLÁCER MATACÁS, M.R., art. 423-7, en Egea/Ferrer (dir.), *Comentari*, p. 336 ss; DEL POZO CARRASCOSA/VAQUER ALOY/BOSCH CAPDEVILA, *Derecho de sucesiones*, p. 107.
80.   *Infra sub* 6.5.

Quienes resulten determinados como beneficiarios conjunta-mente, de acuerdo con las normas que se acaban de comentar, deben repartirse el capital por partes iguales, y con acrecimien-to entre ellos, siendo de aplicación cuanto dispone el art. 86 LCS. Si el legislador distingue entre grupos de beneficiarios —como en el supuesto de los hermanos de vínculo doble y sen-cillo—, dentro de cada grupo el reparto es asimismo a partes iguales y con derecho de acrecer. En cambio, en el caso de la designación de los herederos del tomador como beneficiarios, el reparto será proporcional a la cuota en que hayan sido ins-tituidos, y solo si el testador/tomador ha obviado la asigna-ción de cuotas, el reparto será por cabezas. Si el tomador ha designado sustitutos de los designados preferentemente, estos se reparten la porción que correspondería al sustituido.

6.5. Designación expresa no específica

Aún cabe otra posibilidad, que es una designación expresa no específica, en decir, no nominativa, sin identificar por su nombre a los beneficiarios. No es infrecuente, por ejemplo, designar como beneficiarios no a los herederos, en general, sino a los «herederos abintestato». Ello significa que los benefi-ciarios vendrán determinados por los órdenes de la sucesión intestada, con preferencia de grado matizada por la represen-tación sucesoria y el acrecimiento cuando proceda. La STS 1199/2000, de 20 de diciembre[81], analiza el siguiente supuesto de hecho: «en la casilla "Beneficiarios" del certificado indivi-dual firmado por el asegurado (...) aparecía la mención "Here-deros legales", en tanto que el apartado de las condiciones de la póliza relativo a los beneficiarios disponía que "A falta de designación expresa, se seguirá el siguiente orden de prela-ción: 1º Cónyuge, 2º Hijos supervivientes del asegurado por partes iguales, 3º Padres del asegurado por partes iguales o el superviviente de los dos, 4º A quien en derecho corresponda"».

---

81.   Roj: STS 9469/2000.

La aseguradora entregó el capital a la viuda y no a los padres, que reclamaron su mejor derecho. Para el Tribunal Supremo, «Hubo por tanto una "designación expresa", aunque no específica, contemplada en las condiciones de la póliza como excluyente del orden de prelación establecido para el caso de faltar dicha designación, y así como esta designación dejó sin efecto aquel orden de prelación, la norma aplicable acto seguido, inciso tercero del citado artículo 85, permitió concretar quiénes eran los beneficiarios del seguro incardinables en la mención "herederos legales", es decir, el padre del asegurado fallecido, declarado heredero abintestato, y también la madre porque con arreglo al inciso último del mismo artículo 85 conservaba su condición de beneficiaria pese a haber renunciado a la herencia».

La remisión al orden sucesorio abintestato que supone una designación de este tipo plantea problemas suplementarios en aquellos ordenamientos jurídicos en que el cónyuge concurre con herederos de grado preferente, como descendientes o, en su caso, ascendientes. En el Código Civil es el caso de los arts. 834, en que el cónyuge que concurre con descendientes tiene derecho al usufructo del tercio de mejora, y 837, en que concurre con ascendientes y el usufructo se extiende a la mitad de la herencia, intestada en este caso; en el derecho catalán es el supuesto del usufructo universal del cónyuge superviviente del art. 442-3 CCCat. El usufructuario no es heredero, por lo que el cónyuge no puede ser reputado beneficiario del capital asegurado, aunque su usufructo sea universal. Así lo entiende, también, la SAP Murcia 46/2014, de 4 de febrero[82]: «el sucesor usufructuario (art. 834 C.C.) no puede confundirse con un heredero al no tratarse de un continuador de la personalidad del causante, y por ello cuando se designa beneficiario en la póliza a los herederos se refiere, en este concreto caso, a los del art. 932 C.c., bien entendido que no es que reciban por razones

---

sucesorias lo dispuesto en esa póliza de vida, sino por ser designados como beneficiarios expresamente».

El derecho catalán aporta todavía otro caso que merece ser comentado. Se trata de la repudiación a la herencia intestada de todos los hijos del causante/tomador, existiendo cónyuge o conviviente en pareja estable que sea progenitor común de dichos hijos, pues en tal caso el cónyuge o el conviviente devienen herederos sin que opere la proximidad de grado a favor de los nietos, si los hubiere, del causante. Aunque el cónyuge sea heredero ab intestato, la regla final del art. 85 LCS, según la que los beneficiarios que repudien la herencia no pierden la condición de tales, impide que el cónyuge o conviviente superviviente se convierta en beneficiario, cualidad que permanece en los hijos comunes renunciantes.

7. LA DESIGNACIÓN DEL CÓNYUGE O CONVIVIENTE DE HECHO

Si se designa beneficiario al cónyuge, indica el art. 85 LCS que «atribuirá tal condición igualmente al que lo sea en el momento del fallecimiento del asegurado». El precepto aclara que, en el caso de matrimonios sucesivos del subscriptor, es beneficiario quien tenga la condición de cónyuge en el momento de la defunción, no quien era cónyuge al tiempo de la suscripción del instrumento de previsión o ahorro. La norma es razonable. El divorcio implica que se pierde la condición de cónyuge, de modo que, si la designación era a favor del cónyuge, y se disuelve el matrimonio, no hay derecho al capital asegurado[83].

Ahora bien, como resulta patente, la LCS sólo contempla al cónyuge y omite al conviviente en pareja estable, lo que genera algunas dificultades. En primer lugar, cabe señalar que lo que se dispone para el cónyuge vale igualmente para la convivencia *more uxorio*, de modo que, designada la pareja de hecho, la

---

83. STS 174/2003, de 3 de marzo, Roj: STS 1435/2003.

condición la tendrá quien sea efectivamente pareja de hecho en el momento de la defunción del tomador, no quien lo fuera al tiempo de suscribir el instrumento de previsión y ahorro.

Si bien en tiempos recientes pueden encontrarse clausulados y formularios *on line* que incorporan a los convivientes además de a los cónyuges, esto constituye una novedad, pues anteriormente solo aparecía el cónyuge. Ello daba pie a tener que decidir si la designación de «cónyuge» comprendía al conviviente estable. La posición mayoritaria en la jurisprudencia[84] era la inadmisibilidad de considerar beneficiario al conviviente cuando la designación estaba hecha a favor del cónyuge, pues uno y otro no son realidades equivalentes, por más que diversos derechos civiles autonómicos hayan equiparado los respectivos derechos sucesorios[85]. Sin embargo, algunas sentencias sí

---

84.   En la doctrina, con profusos argumentos a favor de la equiparación y discusión con otras opiniones, ESPADA MALLORQUÍN, S., *La designación de la pareja de hecho como beneficiaria en los seguros de vida*, Fundación Mapfre, 2009, p. 163 ss.

85.   MUÑIZ ESPADA, «Tratamiento en la herencia», p. 1663; REGLERO CAMPOS, «Beneficiario y heredero», p. 221. En la jurisprudencia menor, SAP Málaga 178/2010, de 13 de abril, Roj: SAP MA 767/2010 («En el caso enjuiciado, la póliza que ha determinado la controversia jurídica, emplea para la designación del beneficiario la palabra "cónyuge", lo que no puede entenderse sino como persona unida por vínculo matrimonial a otra, siendo así que, como resulta de la documental obrante en los autos, el Señor Efraín estaba separado de su esposa, sin que conste que tal vínculo matrimonial precedente haya sido declarado disuelto. Es verdad que la fórmula empleada en la póliza suele ser la general empleada en la contratación de este tipo de seguros, pero, como bien afirma el juzgador a quo, también es verdad que ello no empece a que el contratante, en este caso el Señor Efraín, bien pudo manifestar su rechazo, y no lo hizo, a esta cláusula, más cuando estaba separado legalmente, y cuando contrató, ya mantenía una relación sentimental con la hoy recurrente. Es decir, nada impedía al Señor Efraín, más cuando así lo permite la propia Ley del Contrato de Seguro expresamente, haber designado como beneficiaria a una persona concreta, y en particular a la Señora Bárbara, e incluso haber empleado la expresión, al referirse a la persona beneficiaria, «pareja de hecho», posibilidades estas legales de las que nunca hizo uso. El problema que se suscita es si a la expresión «cónyuge» cabe atribuir, un sentido más amplio al expresado, refiriéndola a la pareja estable del asegurado, en una interpretación más acorde con la actual realidad social, y con la situa-

equiparaban a ambos, de modo que, aunque la designación hablara únicamente de «cónyuge», encajaban en este término a la pareja de hecho[86].

La STS 636/2020[87], antes citada, incide en el tema, aunque las particularidades del supuesto provocan que sea difícil anticipar una solución uniforme en el conjunto de casos. En primer lugar, porque se trata de un seguro de accidentes colectivo, al que se adhirieron ambos miembros de la pareja de hecho, aficionados al montañismo. En segundo lugar, porque formaban una pareja de largo recorrido (14 años), sin que hubiera ni matrimonio ni otras parejas con anterioridad. Y, en tercer lugar, por el luctuoso accidente que derivó en el fallecimiento de uno de los miembros y en la negativa de la aseguradora a satisfacer la indemnización al superviviente. El TS centra la cuestión debatida así: «la interpretación del contenido y alcance de la cláusula 12 de las condiciones particulares de la póliza, en la que

ción concreta del asegurado en el supuesto enjuiciado, de conformidad con el artículo 3.1 del Código Civil. (…) pese a que la relación sentimental se afirma duró desde el año 1992, según se refiere en la demanda, hasta el fallecimiento del Sr. Efraín, acaecido en enero de 2008, y que pese a ello no consta se adoptasen medidas tendentes a salvaguardar los derechos e intereses económicos de la pareja, y que pese a concertarse dos pólizas de seguro de vida individuales, lo que sin duda se debió a que no había vínculo matrimonial entre el Sr. Efraín y la Sra. Bárbara, no se extremaron las precauciones a la hora de designar beneficiarios a fin de evitar que fueran considerados como tales, terceros ajenos a la pareja, no podemos sino concluir, como con acierto hiciera el juzgador a quo, que, ni tan siquiera en una interpretación amplia de la expresión "cónyuge" utilizada en la póliza, cabe considerar a la recurrente como beneficiaria de la misma, pese a la relación de pareja mantenida con el finado»); SAP Madrid, sec. 21ª, 7/2012, de 17 de enero, Roj: SAP M 549/2012; SAP Cáceres 5/2013, de 9 de enero, Roj: SAP CC 8/2013; SAP Guipúzcoa, 159/2018, de 22 de marzo, Roj: SAP SS 118/2018. También la SAP Asturias 390/2022, de 21 de septiembre, Roj: SAP O 3056/2022, seguro de vida contratado simultáneamente por cada miembro de la pareja en que consta como beneficiario «el cónyuge, y en su defecto por orden excluyente, hijos, padres y hermanos», por no ser cónyuge y por anteriormente haber realizado en otra póliza una designación nominativa.
86. SAP Lleida 325/2018, de 19 de julio, Roj: SAP L 456/2018; SAP Barcelona, sec. 14ª, 809/2017, de 30 de noviembre, Roj: SAP B 11873/2017.
87. *Supra,* nota 45.

se atribuye la condición de beneficiario del seguro, en primer término, al cónyuge, y si puede reputarse como tal, por asimilación, a la demandante, en su condición de pareja de hecho inscrita en el Registro de Parejas de Hecho del País Vasco; o dicho de otra forma, si era esa la intención del fallecido al adherirse al contrato de seguro suscrito». Y casa la sentencia recurrida que hacía una interpretación estricta del término «cónyuge», aunque con una argumentación bastante simple: «Es cierto que, literalmente, cónyuge es la persona que se encuentra unida a otra en matrimonio, y, en este caso, la actora y el asegurado no lo habían contraído, pero del acto de adhesión a la póliza por el finado, aceptando el orden de preferencia entre los beneficiarios, al no hallarse casado, pero sí unido *more uxorio*, con carácter estable, en armoniosa convivencia, durante años e inscrito en el Registro autonómico, permite deducir su intención de atribuir la condición de beneficiaria a la que fue su pareja, sin que ello quepa considerarlo como expresión de una falta de cariño o afecto a sus progenitores igualmente demandantes, sino favorecer la posición jurídica de la que fue su compañera de vida y con la que compartió su existencia como manifestación del libre desarrollo de su personalidad (art. 10 CE). Una cosa es adoptar una decisión de no contraer matrimonio y vivir como un matrimonio bajo una relación *more uxorio* con publicidad registral, y otra distinta la de ser beneficiario de un seguro». De ahí que, como se ha avanzado, sea difícil obtener conclusiones para otros casos con connotaciones distintas.

La LCS tampoco prevé que tenga ningún impacto en la designación del cónyuge la separación de los cónyuges subscriptor y beneficiario. Al respecto, en la jurisprudencia se encuentran decisiones contrapuestas[88]. Hay suficientes argumentos en

---

88. Hay que citar, en primer lugar, la STS 621/2005, de 15 de julio, Roj: STS 4846/2005, que excluye de la condición de beneficiario a la designada porque «si existía separación legal al momento del fallecimiento del asegurado, parece que, en atención a la letra del artículo 85 de la Ley de Contrato de Seguro, el cónyuge sigue siendo beneficiario hasta que no se produzca la efectiva disolu-

el derecho vigente para excluir el cónyuge separado: los art. 945 CC, 442-6 CCCat, 531 CFA, 112.2 LDCV y ley 304.2 FN privan de la condición de heredero *ab intestato* al cónyuge separado legalmente o de hecho, el art. 834 de la de legitimario, y el art. 422-13 CCCat considera ineficaces, salvo que otra cosa se pueda desprender del contexto del testamento, en caso de separación legal, las disposiciones a favor del cónyuge, lo mismo que los art. 438 CFA y 208 LDCG, mientras que en el País Vasco provoca la ineficacia del testamento mancomunado, del poder testatorio y del pacto sucesorio (art. 28.3, 45.3 y 108 LDCV). Asimismo, y aun careciendo el Código civil de una norma específica, la STS 531/2018, de 26 de septiembre[89], que declara ineficaz el legado a favor de la pareja como consecuencia de la separación, apuntala sin duda la primera de las líneas de la jurisprudencia menor apuntadas en la nota 88. Por lo tanto, una solución que prevea la ineficacia de la designación en estos productos de ahorro o de previsión no resulta en ab-

---

ción del matrimonio; no obstante, si bien el régimen del seguro de vida en cuanto al capital debido por el asegurador es autónomo respecto a las reglas del Derecho sucesorio, lo cierto es que guardan entre sí una estrecha relación, y, en este sentido, el artículo 834 del Código Civil, que consagra los derechos hereditarios del cónyuge siempre que al morir su causante no se hallare separado o lo estuviera por culpa del difunto, nos proporciona una pauta interpretativa que resulta útil» (el asunto era de seguro de accidentes). Las SAP Madrid, sec. 20ª, 439/2013, de 21 de octubre, Roj: SAP M 14813/2013, La Rioja 184/2010, de 4 de mayo, Roj: SAP LO 397/2010, y las que estas citan, o Navarra 1053/2023, de 321 de diciembre, Roj: SAP NA 1423/2023, entienden que la separación excluye la eficacia de la designación. Por el contrario, la SAP Álava 14/2005, de 27 de enero, JUR 2005\77199, considera beneficiario al cónyuge separado porque sigue siendo cónyuge tal como decía la designación. La SAP Madrid 607/2016, de 29 de noviembre, Roj: SAP M 16724/2016, decide que la esposa divorciada es la beneficiaria del plan de pensiones, sin que la designación hubiera quedado afectada por la institución de diversos herederos testamentarios; pero el caso presenta la peculiaridad de que la designación tuvo lugar antes de que partícipe y beneficiaria se casaran. En cuanto a la SAP Valencia 349/2020, de 30 de julio, Roj: SAP V 2511/2020, tiene la particularidad de que la aseguradora reclamada ya había pagado el capital a la cónyuge separada, y desestima la demanda remitiendo a un juicio contra esta.
89.   Roj: STS 3378/2018.

soluto incoherente con los principios sucesorios que resultan del derecho vigente[90]. A la misma conclusión se llega en Cataluña en el supuesto de que hayan sido designados los hijos del cónyuge o conviviente u otros parientes cercanos suyos, a la vista del apartado 4 del art. 422-13 CCCat.

El único supuesto a excepcionar de la ineficacia de la designación es el del cónyuge de buena fe cuando el matrimonio se declara nulo con posterioridad al fallecimiento del tomador, supuesto en que, conforme al art. 79 CC, no se invalidan los efectos ya producidos del matrimonio, entre los que deben contarse la designación como beneficiario del seguro de renta vitalicia[91].

Por último, y para un supuesto de aplicación del derecho catalán, otro conflicto puede surgir de la posibilidad de concurrencia como beneficiarios del cónyuge separado y del conviviente de hecho. Debe recordarse que el Código civil de Cataluña permite constituir una pareja estable a quien está casado

---

90.   La misma previsión se encuentra en la sección 2-804 del *Uniform Probate Code* en los Estados Unidos. Sobre la gestación de este precepto y su incorporación a los ordenamientos estatales y los problemas derivados de la aplicación directa del derecho federal, SOLIMAN, S., «A Fair Presumption: Why Florida Needs a Divorce Revocation Statute for Beneficiary-Designated Nonprobate Assets», *Stetson Law Review,* 2007, p. 397-428, 400 ss; WAGGONER, L. W., «The Creeping Federalization of Wealth-Transfer Law», *Law & Economics Working Papers. Paper 92,* 2013, p. 3 ss (disponible en http://repository.law.umich.edu/law_econ_current/92); RAYMOND, K. P., «Double Trouble – An Ex-Spouse's Life Insurance Beneficiary Status & State Automatic Revocation upon Divorce Statutes: Who Gets What?», *Connecticut Insurance Law Journal,* 2013, p. 399-425, 411 ss: LANG-BEIN, J.H., «Destructive Federal Preemption of State Wealth Transfer Law in Beneficiary Designation Cases: Hillman Doubles Down on Egelhoff», *Vanderbilt Law Review,* 2014, p. 1668 ss; PRATT, D., «Marriage, Divorce, Death, and ERISA», *Quinnipiac Probate Law Journal,* 2018, p. 100-188, 101 ss. Hay que tener en cuenta que se trata de una norma de integración de la voluntad y no de una norma sancionadora del cónyuge o conviviente que se ha separado, como se explica en DEL POZO CARRASCOSA/VAQUER ALOY/BOSCH CAPDEVILA, *Derecho de sucesiones,* p. 102-105, por lo que nada impide su aplicación analógica a otros casos en que concurra identidad de razón.
91.   REGLERO CAMPOS, art. 85, p. 1269.

pero separado incluso de hecho (art. 234-2.b). Cabe imaginar el supuesto de designación a favor del cónyuge, aspirando a tal condición el cónyuge separado y el conviviente de hecho. Si se impone la línea jurisprudencial que excluye de la condición de beneficiario al cónyuge separado, este carecería de derecho al capital asegurado, pero para que el conviviente adquiera ese derecho cuando la designación se refiere al cónyuge se requiere una interpretación generosamente inclusiva del término cónyuge que solo algunas sentencias realizan.

8. LA EXCLUSIÓN DE BENEFICIARIOS

La LCS solo contempla la designación directa de beneficiarios y la revocación, admitiendo diversas modalidades de designación, según sea nominativa o genérica. No contempla, en cambio, que pueda excluirse a nadie de la condición de beneficiario. Sin embargo, puesto que el art. 85 LCS permite designar a los herederos e individualizar a estos en el testamento del tomador, si el derecho de sucesiones admite la exclusión de herederos o, en otra terminología, el testamento negativo, no habrá problema en que el tomador no solo pueda nombrar beneficiarios, sino también excluir a quien haya de merecer esa condición de entre aquella categoría genérica que haya designado. El derecho de sucesiones catalán lo permite expresamente en el art. 423-10.1 CCCat: «Si el causante excluye en testamento determinadas personas llamadas a la sucesión intestada, la herencia se defiere a los llamados a suceder de acuerdo con las normas de la sucesión intestada que no hayan sido excluidos por el testador». De este modo, si el tomador puede designar genéricamente a sus hijos o a sus herederos como beneficiarios y en testamento puede excluir de la herencia otorgando un testamento negativo, no puede haber duda de que la misma facultad que para designar le compete para excluir de la condición de beneficiarios a una o más personas.

El Código Civil español y los otros derechos civiles autonómicos carecen de una norma equivalente, pero la remisión indicada del art. 85 LCS a la institución de heredero y la libertad de designación que se reconoce al tomador deben conducir al mismo resultado aun en el supuesto de que no se admita el testamento negativo por el hecho de no disponer de una regulación específica.

Ahora bien, para que opere esta exclusión, debe exigirse que la exclusión sea nominativa o, cuanto menos, expresa aunque no específica. Así, valdría tanto la que se realiza individualizando con el nombre y apellidos o excluyendo a una categoría concreta de potenciales beneficiarios (por ejemplo, «excluyo de la condición de beneficiarios a mis hijos y nietos», o bien «excluyo de mi herencia intestada a mis hijos y nietos», o cualquier fórmula semejante, que conduciría, en el supuesto, a que se convirtieran en beneficiarios los ascendientes —en el caso de aplicación del Código Civil— o el cónyuge —en el caso del derecho civil catalán—, por ser los siguientes en el orden sucesorio ab intestato).

9. LA INEXISTENCIA DE BENEFICIARIOS

El art. 84.3 LCS prevé el supuesto de hecho de que «en el momento del fallecimiento del asegurado no hubiere beneficiario concretamente designado». La redacción del precepto no cubre, en su literalidad, todos los supuestos posibles de ausencia de designación, que puede tener un variado origen más allá de que no haya beneficiario designado, sino que debe ampliarse a la ineficacia de la designación realizada. Así, alcanza la estricta falta de designación[92], la ineficacia de la designación

---

92.   Por ejemplo, SAP Granada 456/2008, de 17 de octubre, Roj: SAP GR 1809/2008, o Tenerife 36/2023, de 27 de enero, Roj: SAP TF 44/2023. Con razón entiende la SAP Barcelona, sec. 1ª, 581/2020, de 21 de diciembre, Roj: SAP B 12825/2020, que sí hay designación en un seguro de vida que, al renovarse la póliza, no contenía designación sino remisión a las condiciones generales, las cuales contemplaban los «herederos legales». Se imponen los intereses del 20% a la aseguradora porque pagó el capital a los padres y no a la conviviente here-

realizada en la póliza por premoriencia del único designado, la ineficacia de la institución de heredero determinante de la designación, la renuncia del beneficiario, etc. En todo caso, debe tratarse de una ausencia completa, es decir, que de ningún modo pueda determinarse quién ha sido designado[93]. Cualquiera que sea la causa de la falta de beneficiario, la consecuencia jurídica que se anuda es la misma: «el capital formará parte del patrimonio del tomador». Si no existe beneficiario, o el designado no quiere serlo, o no puede determinarse, el capital asegurado se integra en el patrimonio del tomador, dice textualmente el artículo, pero, teniendo en cuenta que, cuando debe entregarse el capital asegurado, el tomador ya ha fallecido, con más corrección debería decir que se integra en la herencia del tomador. Siendo un elemento más del caudal relicto, su destino será el de este y se atribuirá del mismo modo que el resto de los bienes hereditarios según se ordene la sucesión, razón de más para que se armonice la LCS con el derecho de sucesiones.

---

dera legal. Anteriormente, la STS 1158/2007, de 8 de noviembre, Roj: STS 7761/2007, entendió determinado el beneficiario a falta de designación en la póliza por aplicación de la previsión contenida en el Reglamento de la Mutualidad de Previsión, cuyo art. 64 disponía que la falta de designación de beneficiario de la prestación determinaba la procedencia de su abono a los herederos.

93.   Como dice la SAP Barcelona, sec. 1ª, 581/2020, citada en la nota anterior, «La regla en la que pretende ampararse la demandada opera solo conforme al precepto legal para el caso de que no haya "beneficiario concretamente designado, ni reglas para su determinación", y en este caso sí habría tales reglas, las contenidas en las condiciones generales de la póliza a las que el suplemento se remite de manera expresa, remisión que carecería de todo sentido y razón de ser si es que en las condiciones generales no se previera quien ha de ser reputado como beneficiario del seguro».

CAPÍTULO III

LA REVOCACIÓN DE LA DESIGNACIÓN, LA DESIGNACIÓN IRREVOCABLE Y LA PÉRDIDA DE LA CONDICIÓN DE BENEFICIARIO

1. LA REVOCACIÓN DE LA DESIGNACIÓN

Lo mismo que en relación con los negocios de última voluntad, la revocación se refiere tanto al supuesto de hecho como al efecto jurídico[94]. Como supuesto de hecho, la revocación es el acto por el que queda sin efecto la designación realizada; puede tratarse de un supuesto de hecho voluntario o legal y está sometido a un requisito formal. Como efecto jurídico, la revocación supone que la designación efectuada por el tomador carece de eficacia, por lo que el beneficiario deja de serlo y, desde el mismo momento de la revocación, pierde el derecho al capital asegurado.

1.1. La revocación por voluntad del tomador

1.1.1. *La facultad de revocar la designación*

La revocación, salvo el supuesto *ex lege* que se analizará a continuación, es, al igual que la designación, un acto libérrimo del tomador y, en consecuencia, un efecto jurídico *ex volunta-*

---

94.   DEL POZO CARRASCOSA/VAQUER ALOY/BOSCH CAPDEVILA, *Derecho de sucesiones,* p. 95.

te. Solo el tomador puede designar y solo él puede revocar la designación que llevó a cabo. Como dice el art. 84 LCS, no es, tampoco, necesario el consentimiento de la entidad de previsión o ahorro para la eficacia de la revocación.

La revocación constituye una declaración de voluntad unilateral receptiva para con la entidad en los mismos términos que la designación, pues, así como debe conocer quién es el beneficiario para realizar el pago del capital, tiene que saber también que la designación ha perdido su efecto y, por lo tanto, que no debe pagar a quien fue designado como beneficiario antes. Sin embargo, si la designación se efectuó en testamento, ni debió comunicarse la designación ni debe comunicarse tampoco la revocación; bastará con, en su momento, acreditar la última designación válida a la entidad. Aunque alguna sentencia considera que la declaración de revocación es tácita en el caso de rescate del numerario[95], cuando ello sea posible, lo cierto es que este es un caso de extinción del contrato, con lo que ya no caben beneficiarios.

La revocación no tiene que observar ninguna fórmula especial, lo único que debe exigirse es que no exista duda de la voluntad revocatoria de la designación y del beneficiario afectado por la revocación. Tampoco se requiere el transcurso de un lapso determinado; con independencia de cuándo se realizó la designación, esta puede revocarse. Por último, no hay que explicitar los motivos, si es que los hay más allá del mero cambio en la voluntad del tomador, para revocar la designación.

La revocación puede ser total, si afecta a todos los beneficiarios, o parcial, si solo se modifica alguno de los beneficiarios designados o el reparto del capital asegurado.

---

95.   SAP Madrid, sec. 13ª, 224/2020, de 26 de junio, Roj: SAP M 7149/2020: «el rescate pone fin al contrato de seguro e implica la revocación de la designación de beneficiario».

1.1.2. *Forma de la revocación*

El art. 86.1 LCS, segundo inciso, indica que «la revocación deberá hacerse en la misma forma establecida para la designación». Se ha indicado antes que, de este inciso, en conjunción con el art. 84 LCS, resulta que hay tres «formas» para la designación: la póliza o contrato, la declaración escrita y el testamento. Ello daría pie a entender que, elegida una forma para la designación, la misma forma debe emplearse para la revocación a fin de que esta despliegue su eficacia. Parece más razonable entender que se exige «alguna» de estas formas, y lo cierto es que no haber usado la «misma» forma no se ha esgrimido como causa de ineficacia de la disposición cuando hubiere podido invocarse[96]. Una aplicación estricta de este condicionamiento formal no hallaría una explicación racional de la limitación de la facultad de revocación que representaría en la práctica. En esta línea, el art. 421-23 CCCat contempla con generalidad la revocación por vía testamentaria de la designación anterior, sin mención al instrumento donde se efectuó la designación revocada[97].

---

96. En el caso de la STS 330/2006, de 23 de marzo, Roj: STS 1726/2006, parece deducirse que la revocación en testamento se refiere a una designación originaria en la póliza, revocación que se reputa válida y eficaz: «la disposición del beneficiario de un seguro de vida puede ser modificada unilateralmente por el tomador del seguro o estipulante, sin consentimiento de la entidad aseguradora, entre otras formas mediante un testamento» (en el caso, ológrafo). En la SAP Guipúzcoa 2263/2005, de 29 de julio, Roj: SAP SS 991/2005, si bien se declara ineficaz el cambio de beneficiario de la póliza original mediante comunicación escrita, lo es por falta de poder del corredor y no por la inidoneidad del medio seleccionado.

97. Así se manifiestan, también, GILI SALDAÑA, art. 421-23, pp. 256-257, recogiendo otras opiniones doctrinales, y BOLDÓ RODA, art. 87, en *Comentarios a la Ley del contrato de seguro*, pp. 1034-1035. De otra opinión TIRADO SUÁREZ, art. 87, p. 2308, quien matiza el caso de la designación anterior realizada en testamento, y argumenta que en tal caso «la revocación debe hacerse también por testamento, siendo inoperantes las declaraciones escritas de revocación realizadas al asegurador, aunque sean de fecha posterior, al otorgamiento testamentario, dado que el mismo carece de eficacia hasta el momento del fallecimiento

Así pues, la designación realizada en la misma póliza del contrato requerirá la modificación de la póliza, alterando únicamente la designación y manteniendo el resto de las estipulaciones, o, lo que es más frecuente en la práctica, el otorgamiento de un suplemento de la póliza donde conste el nuevo o nuevos beneficiarios. En cuanto a la comunicación escrita, basta con que se comunique a la entidad de previsión o ahorro. Finalmente, en cuanto al testamento, es necesario recordar que «testamento» identifica cualquier negocio jurídico de última voluntad, incluyendo no solo las diversas formas testamentarias sino también el pacto sucesorio. Comenzando por este último, en pacto sucesorio cabe revocar la designación anterior, sin duda la realizada en testamento y también la contenida en la póliza original o en una declaración escrita comunicada. Ahora bien, por el carácter irrevocable del pacto sucesorio, salvo las causas legales o estipuladas de revocación o un nuevo acuerdo entre los otorgantes, si la designación tuvo lugar en un pacto sucesorio anterior, no cabrá modificar esa designación. Por lo que al testamento se refiere, no hay restricción alguna para la revocación entre las modalidades testamentarias idóneas para designar, por lo que cabe revocar la designación hecha en testamento notarial en un testamento ológrafo posterior o incluso en un codicilo, pues el codicilo revoca la disposición testamentaria cuando hay incompatibilidad entre los respectivos contenidos (art. 422-11 CCCat), y es evidente que la hay cuando se nombra otro beneficiario de un mismo capital asegurado. La revocación no requiere ninguna fórmula concreta; el simple

---

del causante». El argumento es inconsistente, pues lo mismo podría decirse de la revocación de designación testamentaria en un testamento posterior, que tampoco sería eficaz hasta el deceso del tomador/causante. Aunque la eficacia no se produzca sino con la muerte del tomador/causante, el testamento en vida del causante es válido y su contenido existente para el derecho, por lo que cabe que sea revocado, y si cabe que sea revocado, lo mismo, en lo que ahora interesa, puede serlo por otro testamento posterior que por una declaración escrita comunicada, ya que la designación de beneficiarios, aunque incluida en el testamento, no es una disposición por causa de muerte.

nombramiento de un nuevo beneficiario implica la revocación de la designación anterior, en aplicación del principio que emana de los arts. 739 CC o 422-9.2 CCCat. Pero, en la línea de lo dicho en materia de designación, la revocación no puede inferirse de una cláusula genérica de institución de heredero o de ordenación de legado[98] ni de la revocación del testamento

---

98. De la misma opinión, TARABAL BOSCH, J., «*Will substitutes*. Estado de la cuestión en España», en id. *Previsión y transmisión intergeneracional* (dir.), p. 49. Así, por ejemplo, SAP Barcelona, sec. 14ª, 2599/2017, de 3 de noviembre, Roj: SAP B 12179/2017, en un caso en que el orden de beneficiarios del clausulado de la póliza era en segundo lugar los hijos y en cuarto lugar los herederos, siendo que solo dos de los cuatro hijos fueron instituidos: «No hay ninguna modificación expresa de los beneficiarios de las pólizas y en modo alguno puede calificarse de tal el hecho indiscutido de que se designe a los demandados como universales herederos del resto de bienes, derechos y acciones, pues, como indicamos *ut supra*, el capital integrante de las pólizas no formaba parte del patrimonio de la causante en cuanto expresamente designaba beneficiarios. Hemos de recordar que el clausulado de la póliza expresamente establece que la modificación deberá realizarse del mismo modo que la designación, y en el referido testamento en modo algún/o se hace una manifestación expresa de cambio de beneficiarios, ni podemos inferir de prueba alguna que la voluntad de la causante era ese cambio». Puede observarse que tampoco se cuestiona que en testamento pueda revocarse la designación realizada en póliza. En el mismo sentido, la SAP Madrid, sec. 9ª, 607/2016, de 29 de noviembre, Roj: SAP M 16724/2016: «no cabe entender que por el mero hecho de haber otorgado testamento el causante, por el que nombra heredero a su único hijo, y excluye de la administración de los bienes hereditarios a su ex esposa, pueda deducirse sin más su voluntad de revocar la designación de beneficiaria de la misma del plan de pensiones, toda vez que en el testamento no existe ninguna referencia al plan de pensiones».
El caso de la SAP Valencia 31/2019, de 23 de enero, Roj: SAP V 677/2019, es más cuestionable, pues la cláusula testamentaria disponía lo siguiente: «por partes iguales, todo el dinero, acciones, fondos, rentas vitalicias, valores, metálico y demás activos financieros que tuviere en cualquier banco, caja o entidad de ahorro». La sentencia entiende que la simple mención de «rentas vitalicias» no cubre un seguro de renta vitalicia: «el contrato celebrado por la causante el 28 de julio de 2008 (…) fue un contrato mixto, comprensivo de una renta vitalicia cuya beneficiaria era la propia tomadora, y de un seguro de vida, cuyos beneficiarios, para después de su muerte, eran los inicialmente demandados; que el capital del seguro de vida, por tanto, no puede incluirse en la mención de "renta vitalicia"; que la testadora no podía disponer de algo que no se hallaba en su patri-

anterior si no se revocan, además, las designaciones realizadas en la póliza. Deberán cumplirse los requisitos de capacidad adecuados para el concreto negocio jurídico de última voluntad, según sea testamento notarial u ológrafo o pacto sucesorio.

Cabe preguntarse qué sucede si el tomador otorga un testamento meramente revocatorio, expresamente previsto en el art. 422-9.5 CCCat. La revocación del testamento anterior en que se designaba beneficiario sin nueva designación ni institución de herederos conlleva la aplicación del art. 84.3 LCS y entender que no hay beneficiario designado, con lo que la solución debe ser la que prevé este precepto[99].

1.2. La revocación *ope legis*

El art. 99.1 LCS contiene un supuesto de revocación de la designación del beneficiario con carácter *ope legis*. Dispone este precepto que «la cesión o pignoración de la póliza —que es una facultad sin restricciones del tomador— implica la revocación del beneficiario». Ambas hipótesis suponen la cesión de la posición jurídica del tomador, por lo que es lógico que la designación del beneficiario, que es una facultad vinculada a la posición de tomador, quede sin efecto. De ahí que se advierta que la designación no debe haberse efectuado con carácter irrevocable, ya que ello impide tanto la cesión como la pignoración de la póliza[100].

---

monio, cual era la suma asegurada, que sólo podía devengarse, precisamente, tras su fallecimiento; y que si bien es cierto que la designación de beneficiarios en un seguro de vida pueda hacerse en testamento, al igual que su revocación (S.T.S. 23-3-06), también lo es que habrá de hacerse de forma expresa, como así se desprende del tenor de los arts. 84 y 87 de la L.C.S., y en el presente caso no puede entenderse que la testadora y tomadora del seguro de vida quisiera modificar la designación de beneficiarios que hizo al suscribir tal póliza de seguro, pues ninguna mención se hace en el testamento a la existencia de tal seguro».

99.   Véase el apartado 9 del capítulo segundo.

100.   Álvarez Lata, N., art. 99, en Reglero Campos (coord.), *Ley de contrato de seguro*, pp. 1317-1318.

2. LA DESIGNACIÓN IRREVOCABLE

La libre revocabilidad de la designación se excluye cuando el tomador ha llevado a cabo una designación irrevocable. Esta posibilidad la permiten los párrafos primero y segundo del art. 87 LCS, aunque de manera indirecta: «El tomador del seguro puede revocar la designación del beneficiario en cualquier momento, mientras no haya renunciado expresamente y por escrito», y «el tomador perderá los derechos de rescate, anticipo, reducción y pignoración de la póliza si renuncia a la facultad de revocación». Así, no se dice directamente que la designación puede tener carácter irrevocable, sino únicamente que cabe que el tomador renuncie a la facultad de revocación, caso en que, además, se anudan otras consecuencias, que son la pérdida de los derechos de rescate, anticipo, reducción y pignoración de la póliza. La irrevocabilidad de la designación se presenta en este precepto como unilateral: el tomador renuncia a la facultad de revocar. Es una forma parcial de contemplar la irrevocabilidad, por cuanto se toma como base el Código Civil en que están proscritos los pactos sucesorios, pero en los ordenamientos civiles autonómicos que están permitidos, la irrevocabilidad resulta también del acuerdo de voluntades del que participa el pacto sucesorio. Ambos supuestos de irrevocabilidad tienen, sin embargo, alcance distinto, pues mientras la renuncia a revocar cercena esta facultad del tomador, en el caso del pacto sucesorio habrá que tener en cuenta las causas legales de revocación (arts. 431-13 CCCat y 401.1.b y c CFA) y las estipuladas por las partes (art. 431-14 CCCat, 401.1.a CFA, 108.1 LDCV), que abren la puerta a la revocación si concurre el respectivo supuesto de hecho.

El art. 87 LCS contiene dos exigencias formales para que la designación irrevocable sea válida: tiene que llevarse a cabo por escrito y expresamente. No se admite una renuncia verbal a la facultad de revocar ni esta puede ser tácita; ello no supone ningún obstáculo a la designación irrevocable en pacto sucesorio, no solo porque siempre es por escrito, sino porque, por naturaleza, es irrevocable, con lo que se cumple la exigencia de que sea expresa, pues, aunque no se diga con esas palabras exactas, la naturaleza del instrumento escogido no permite que se suscite cuestión interpretativa alguna al respecto. La razón de ambos requisitos es que una designación irrevocable puede afectar a terceros, por lo que se refuerzan las solemnidades[101]. En cambio, no se exige que el carácter irrevocable de la designación deba comunicarse a la entidad financiera/asegurada.

En cuanto a los instrumentos en que pueda realizarse la designación, debe excluirse el testamento, por su carácter esencialmente revocable[102]. Los autores han constatado que hay entidades financieras/aseguradoras que incorporan en el clausulado preredactado una cláusula mediante la que la designación se formula como irrevocable[103].

La irrevocabilidad de la designación no solo afecta a la posición jurídica del tomador, al privarle de la facultad de modificar la designación en los términos que se acaban de señalar, sino también la del beneficiario, quien, si bien sigue sin adquirir el capital asegurado hasta que acaezca el fallecimiento del titular, tiene una posición reforzada ante la inmodificabilidad de la designación. Tirado Suárez considera que «la expectativa que normalmente posee el beneficiario se convierte en un derecho pleno subordinado únicamente al acaecimiento del siniestro. En consecuencia, si el beneficiario fallece antes de la muerte del asegurado (…), transmite a sus herederos el derecho a la suma asegurada»[104]. Esta idea carece de apoyo legal, pero coincide, en sede de institución contractual de heredero, con la transmisión de derechos en caso de premoriencia del instituido (arts. 20 y 68 de la ley balear 8/2022, 106 LDCV y 387 CFA). Por el contrario, el art. 431-24.1 CCCat advierte que «si el heredero instituido en heredamiento premuere al causan-

---

101. Tirado Suárez, art. 87 LCS, p. 2317; Boldó Roda, Art. 87, p. 1039.

102. Cantero Núñez/Pardo García, «Acerca de la designación», p. 719.

103. «El tomador renuncia expresamente a la revocación de los beneficiarios establecidos en el punto a) de este artículo, por lo que tal designación es irrevocable» (BBVA Seguros).

104. Tirado Suárez, art. 87 LCS, p. 2318, y, con él, Boldó Roda, art. 87, p. 1039.

te, el heredamiento deviene ineficaz, salvo que se haya convenido otra cosa y en los supuestos regulados por el presente artículo», entre los cuales a continuación se destaca aquel en que el heredero instituido en heredamiento es descendiente del causante y premuere a este dejando descendientes llamados a su herencia, eventualidad en la que sí transmite a estos su calidad de heredero contractual, salvo estipulación distinta.

3. PÉRDIDA DE LA CONDICIÓN DE BENEFICIARIO

El art. 92 LCS contempla un supuesto legal de pérdida de la condición de beneficiario, que no depende, a diferencia de la revocación, de la voluntad del tomador. Según este precepto, el beneficiario que causa la muerte dolosa del tomador queda privado del derecho a la prestación establecida en el contrato. Cualquier grado de participación en el hecho provoca este resultado, con independencia de la imputabilidad penal[105]. Puesto que el desenlace es que no existe beneficiario designado, la consecuencia jurídica es la misma que la prevista para la inexistencia de designación, esto es, que el capital asegurado se integra en la herencia del tomador y se distribuirá conforme a las normas sucesorias que resulten aplicables.

Como se ha indicado antes, este supuesto de hecho coincide parcialmente con una de las causas de indignidad de los art. 756.1 CC, 412-3.a) CCCat, 154 FN y 328.b) CFA, pero solo par-

_____

105. Reglero Campos, art. 92, p. 1296. La SAP La Rioja 235/2020, de 22 de mayo, Roj: SAP LO 264/2020, sostiene esta construcción: «cuando en dicho precepto la Ley de Contrato de Seguro excluye expresamente la indemnización al beneficiario que da muerte dolosa al asegurado, no lo hace porque dicha conducta sea reprochable penalmente (pues la reprochabilidad penal es un concepto ajeno a la Ley de Contrato de Seguro) sino porque el beneficiario, al dar muerte dolosa al asegurado, ha eliminado la aleatoriedad del contrato de seguro, contribuyendo de forma directa y esencial a la producción del evento mediante una conducta que ni es accidental ni imprudente. Desde ese punto de vista, la conducta puede ser irreprochable penalmente por ser el sujeto inimputable, pero sí relevante a los efectos del art. 92 de la Ley de Contrato de Seguro».

cialmente: literalmente no provocan la pérdida de la condición ni haber intentado matar, sin lograrlo, ni cuando la víctima es un allegado del tomador del instrumento de previsión o ahorro. La imposible traslación de las causas de indignidad sucesoria a un contrato entre vivos puede conllevar que personas afectadas por causa de privación de la condición de heredero no lo sean de la condición de beneficiario, lo que no resulta de ningún modo razonable.

CAPÍTULO IV

El seguro de renta vitalicia y las legítimas

1. EL SEGURO DE RENTA VITALICIA Y LA HERENCIA

La contratación de un seguro de renta vitalicia tiene consecuencias sucesorias que han de ser convenientemente consideradas. La aportación del capital por parte del tomador/asegurado en el momento de contratar conlleva una reducción de su patrimonio que puede llegar a ser muy notoria y que va a traducirse, en todo caso, en una disminución de su caudal relicto cuando fallezca. Como consecuencia, los eventuales legitimarios del tomador/asegurado observan que disminuye la base de cálculo de sus legítimas. Este hecho, que podría ser el mero reflejo de la plena libertad de disposición a título oneroso que, sobre sus bienes, tiene el causante en vida, resulta jurídicamente controvertido, por la ausencia de normas jurídicas que determinen, con carácter específico para esta figura, si debe tomarse en consideración, y cómo, para calcular las legítimas.

En primer lugar, genera discusión, tanto en la doctrina científica como en la jurisprudencia, la posible integración de algún componente del seguro de renta vitalicia en el caudal relicto. Concretamente, cabe cuestionar si forma parte del *relictum* o la suma asegurada o el capital aportado en forma de prima en el momento de contratar el producto. Hay que recordar que ambas cantidades no son exactamente las mismas, lo que debe ser tenido en cuenta tanto en relación con el conjunto de legitimarios como con respecto a aquellos que, además de ser legitimarios, reúnan la cualidad de beneficiarios del seguro de renta vitalicia. En segundo lugar, existe una fuerte protección de la suma asegurada que ha de percibir el beneficiario, al amparo de un art. 88.1 LCS que afirma la independencia del capital asegurado con respecto a la herencia del tomador, con la única excepción del fraude de derechos de herederos legítimos y acreedores. En este caso, la cuestión gira en torno a dilucidar en qué supuestos puede considerarse que el tomador de un seguro de renta vitalicia ha contratado en fraude de los derechos de los legitimarios para que estos puedan exigir el reembolso del importe de la prima abonada por el contratante.

Al consistir el seguro de renta vitalicia en un contrato atípico que integra una renta vitalicia y un seguro de vida, concretamente en su modalidad de seguro de vida para el caso de fallecimiento sobre cabeza propia, y al ser, tanto aquella como este, contratos que conllevan la percepción de un capital asegurado por parte del beneficiario designado por el tomador, resulta conveniente plantear primero qué tratamiento recibe tal capital asegurado de un seguro de vida para luego analizar si ello es aplicable al concreto caso del seguro de renta vitalicia.

La mayor parte de los autores consideran las prestaciones derivadas de los seguros de vida para caso de fallecimiento ajenas al planteamiento de la sucesión hereditaria. En efecto, existe práctico consenso en defender que el derecho al cobro del capital por parte del beneficiario del seguro de vida no ha sido transmitido *mortis causa*, sino que ha nacido con ocasión del fallecimiento del asegurado. En palabras de Muñiz Espada[106], «se sigue manteniendo [en la doctrina] el hecho de que una persona ajena al contrato de seguro adquiere un derecho autónomo frente al estipulante, predominando la calificación

---

106. Muñiz Espada, «Tratamiento en la herencia del seguro de vida para caso de fallecimiento», p. 1654.

de la construcción como una estipulación o contrato a favor de tercero». En relación con el seguro sobre la vida para el caso de fallecimiento del asegurado (contratado sobre su propia cabeza), sostiene Lacruz Berdejo[107] que no pertenece a la herencia, pues la indemnización percibida por el beneficiario es ajena a ella. Roca-Sastre Muncunill[108] aclara que no ha habido una relación jurídica preexistente que se sustituya, sino que la muerte del tomador comporta el nacimiento *ex novo* del derecho del beneficiario al cobro de la suma asegurada, con lo cual no ha habido sucesión alguna. Para Navas Navarro[109], el capital entregado a un tercero por la aseguradora en virtud de un seguro de vida pactado por el causante no forma parte del patrimonio de este (ahora convertido en herencia), sino del patrimonio de la aseguradora. La STS 243/2003, de 14 de marzo[110] ya concluyó que «[e]l beneficiario es distinto de los herederos, aunque puedan coincidir y las cantidades que como beneficiario del seguro ha de percibir son de su exclusiva propiedad, y así lo decía el artículo 428 derogado del Código de Comercio, por lo que no se integran en la herencia del causante y, consecuentemente, no responden de sus deudas»; la transcriben y siguen, entre otras, las SAP Sevilla 49/2014, de 17 de febrero[111], y Alicante (Elche) 250/2014, de 20 de mayo[112].

Por el contrario, Acosta Mérida[113] ha objetado la existencia de una «pretendida autonomía del derecho del beneficiario respecto del patrimonio del tomador [que] se quiere admitir a

---

107. Lacruz Berdejo *et al*, *Elementos (V). Sucesiones*, p. 27.
108. Roca-Sastre Muncunill, L., *Derecho de sucesiones*, t. I, Barcelona, 2ª ed., 1995, p. 43.
109. Navas Navarro, S., «Assegurança de vida en cas de mort de l'assegurat, composició del cabal hereditari i quantum legitimari (comentari de la sentència de 3 de febrer de 2003 de la secció tercera de l'Audiència Provincial de Tarragona)», *Revista Catalana de Dret Privat*, 2004, Vol. 4, p. 234.
110. Roj: STS 1735/2003.
111. Roj: SAP SE 907/2014.
112. Roj: SAP A 1369/2014.
113. Acosta Mérida, M.P., *Seguro de vida y derecho de sucesiones*, Madrid, 2005, pp. 61 ss.

modo de premisa de partida irrenunciable, de imprejuzgado dogma de fe, cuando lo cierto es que está por demostrarse que las cosas tengan que ser necesariamente así». La autora se manifiesta contraria a esta corriente doctrinal mayoritaria al considerar que, mediante la contratación del seguro, el tomador adquiere un derecho de crédito que traslada al beneficiario por él designado en el momento de su muerte. Sostiene que, a cambio del pago de las primas, el tomador del seguro recibe de la compañía dos cosas: un derecho de crédito al capital del seguro, a cobrar en el momento de la muerte del asegurado; y la facultad de ceder ese derecho de crédito a un beneficiario designado en la póliza, en testamento o en posterior declaración escrita comunicada al asegurador.

La tesis de Acosta Mérida plantea la dificultad de la cesión de un derecho que no se posee, pues es a la muerte del asegurado —y no en el momento de contratar— cuando nace el derecho del beneficiario al cobro de la suma asegurada. Como ha advertido la SAP Barcelona, sec. 16ª, 20 de marzo de 2001[114], «La prestación que ha de abonar una compañía de seguros a consecuencia de la muerte de una persona no pertenece nunca a esa persona, por la sencilla razón de que el derecho a la indemnización nace a consecuencia del fallecimiento». Más taxativa todavía es la SAP Murcia 46/2014, de 4 de febrero[115], que considera que la cantidad que percibe el beneficiario de un seguro de vida es en todo caso ajena al derecho sucesorio, aunque, como es el caso de la Sentencia, el tomador no hubiere designado beneficiario, porque «la condición de beneficiarios de los herederos viene determinada en las mismas [pólizas del seguro], al no existir designación expresa, razón por la que lo recibido en base a dichos documentos tiene su causa en un contrato de seguro, no por razones sucesorias, aun cuando coincidan los designados como beneficiarios con la condición de heredero». Por consiguiente, las cantidades que traen causa

---

114. Roj: SAP B 3166/2001.
115. Roj: SAP MU 240/2014.

en los seguros han de excluirse del activo del caudal hereditario, pues «no se reciben por razones sucesorias, sino contractuales». De hecho, y a no ser que haya renunciado a tal facultad, el tomador puede revocar la designación del beneficiario en cualquier momento (así lo dispone el art. 87 LCS, como se ha abordado en el capítulo anterior), de tal modo que el sujeto beneficiario existe únicamente en abstracto y no es, por lo menos, hasta que se produce la muerte del asegurado, que va a poder concretarse su identidad; pues si la designación es testamentaria, hay que esperar a que se abra la sucesión y se desarrolle el fenómeno sucesorio, y si la designación se corresponde con ser heredero abintestato, procede esperar hasta la correspondiente declaración de herederos. Ello hace aún menos plausible la tesis de la traslación del derecho al cobro de la suma asegurada. Por un lado, porque, aunque se configure como una estipulación a favor de tercero dentro del contrato con la entidad financiera/aseguradora, resulta ciertamente complicado argumentar que es el asegurado quien atribuye directamente el capital al beneficiario, cuando entre ellos no existe ninguna relación jurídica y el derecho al capital depende de que se produzca el fallecimiento y debe reclamarse contra la entidad financiera/aseguradora. Por otro lado, porque, además, en el hipotético caso de que el asegurador pudiera ceder un derecho del que no es titular —lo que en todo caso debería llevar a cabo en vida—, ¿cómo podría hacerlo a favor de un sujeto indeterminado en el momento de la cesión —por ejemplo, si se designa beneficiario al heredero del tomador, en los términos vistos en el capítulo segundo— o una persona todavía no nacida en el momento de la designación?

Teniendo en consideración todo lo anterior, no cabe sino concluir que la suma asegurada del contrato de seguro de vida origina, a la muerte del asegurado, un capital nuevo que nunca ha formado parte del patrimonio del tomador, por lo que no se integra en su herencia y no puede tenerse en cuenta para el cálculo de las legítimas. Esta misma solución es la que resulta aplicable al contrato de seguro de renta vitalicia, porque, aunque se trata de un contrato atípico distinto, en realidad, la suma asegurada lo es en base al seguro de vida que integra el contrato de seguro de renta vitalicia. Consiguientemente, la suma asegurada que percibe el beneficiario no forma parte del *relictum* del tomador/causante.

2. EL CAPITAL APORTADO POR EL TOMADOR DEL SEGURO DE RENTA VITALICIA Y LA COMPUTACIÓN LEGITIMARIA

La afirmación de que el capital asegurado lo recibe el beneficiario por vía contractual de la entidad aseguradora y no por vía sucesoria y que, consiguientemente, no forma parte del caudal relicto del tomador a su deceso, no agota la cuestión. En efecto, los bienes donados se transmiten entre vivos y no por cauce hereditario, por lo que tampoco se integran en la herencia; sin embargo, sí se tienen en cuenta a efectos del cálculo de las legítimas mediante la operación de la computación legitimaria. Así, los arts. 818.2 CC, 451-5 CCCat, 244.2ª LDCG, 489.1.2º CFA y 58 LDCV indican que para el cálculo de la legítima se toma en consideración no solo el valor del caudal relicto, sino también el importe de las donaciones y otras transmisiones a título gratuito computables. Ahora bien, la aplicación de la noción de computación al contrato de seguro de renta vitalicia requiere distinguir, por un lado, el capital asegurado que el beneficiario percibe al fallecimiento del tomador, y, por otro lado, la prima aportada en el momento de la suscripción del seguro. Si el capital asegurado no se integra en la herencia, ni tampoco ha sido aportado por el causante, carece de sentido plantearse su computación; la posible computación solo es predicable del capital entregado por el causante con motivo del contrato con la entidad financiera/aseguradora —la prima o las primas—, pues únicamente este capital estaba en su patrimonio en vida y, por razón de dicho contrato, no se habrá integrado en la herencia.

En cuanto a este capital aportado, o las primas pagadas en el caso de un seguro de vida estricto, no hay duda de que han disminuido el patrimonio del causante; en su lugar hay el derecho a la percepción de unas rentas con carácter vitalicio y el derecho a obtener el capital asegurado, que corresponde al beneficiario. De ahí que Callejo Rodríguez indique que «el seguro origina verdaderamente un capital nuevo y no la traslación de un capital preexistente. Pero las primas que han alimentado el seguro han sido extraídas del patrimonio del *de cuius*»[116]. Esta misma posición adopta Navas Navarro al afirmar que «formaba parte del patrimonio del causante (…) el dinero con el que se satisficieron las primas por parte de la persona causante de la sucesión»[117].

Siendo este el punto de partida, se han formulado hasta tres opiniones sobre la computación en los seguros de renta vitalicia: que no procede la computación, que hay que computar todo el capital, y una posición intermedia.

2.1. La improcedencia de la computación

La primera opción es que no procede la computación. El argumento esencial descansa en que se trata de un contrato entre vivos y que el capital asegurado se adquiere por vía contractual y no sucesoria. Una de las primeras sentencias que así lo consideró, en relación con un seguro de vida, fue la SAP Girona 527/1998, de 14 de diciembre[118]: «Las indemnizaciones percibidas (…) en virtud de las pólizas de seguro, concertadas sobre la vida del causante, no deben agregarse al "relictum" para computar cuál sea la legítima, de conformidad con lo dispuesto por el artículo 355-2º del Código de Sucesiones[119] ("A este valor líquido se ha de añadir el de los bienes donados por el causante"), por cuanto el contrato de seguro tiene causa

---

116. Callejo Rodríguez, C., *El seguro de vida para caso de muerte: Cuestiones actuales de Derecho Civil*, Madrid, 2005, p. 7.
117. Navas Navarro, «Assegurança de vida en cas de mort de l'assegurat», p. 234.
118. Roj: SAP GI 1655/1998.
119. Ahora, art. 451-5 CCCat.

onerosa, y esas indemnizaciones fueron debidas por las aseguradoras y no por el causante, que tan sólo dispuso, en favor del beneficiario de las pólizas, de las primas pagadas por los seguros». La misma Sentencia recuerda, con cita de Roca Trias[120], que «la finalidad (...) [de] la computación de la legítima no es otra que la de evitar que el causante lesione los derechos de los legitimarios, realizando donaciones que impidan la existencia de un caudal relicto a su muerte». A continuación, la Sentencia argumenta que en el contrato de seguro de vida la suma asegurada que percibe el beneficiario no perjudica en nada a los legitimarios, por ser esta debida por la aseguradora y por no comportar ningún desplazamiento patrimonial en perjuicio del caudal hereditario. Y ello aunque el beneficiario lo sea en su condición de heredero, de acuerdo con el art. 85 LCS examinado en el capítulo anterior: «Tampoco puede aceptarse que el beneficiario designado por su condición de heredero del asegurado artículo 85 de la Ley del Contrato de Seguro perciba el capital a título hereditario; como así resulta claramente del último párrafo del artículo citado ("Los beneficiarios que sean herederos conservaran dicha condición aunque renuncien a la herencia"), del que se infiere la inexistencia de un derecho hereditario respecto del capital asegurado, que el beneficiario acredita única y exclusivamente por razón del contrato de seguro; pues, en otro caso, esto es, si el capital formara parte de la herencia, la renuncia a ésta comportaría la renuncia del derecho a percibir ese capital», concluye la sentencia, que rechaza la inclusión del capital asegurado en el *donatum*.

La SAP Tarragona 3 de febrero de 2003[121] razona que «la póliza de seguro se pacta en el seno de una relación obligatoria, en la que son partes asegurado y beneficiario, en la que el primero ocupa la posición de deudor, constituyendo la suscripción del seguro y la designación del beneficiario, condición

---

120. PUIG FERRIOL, L., ROCA TRIAS, E., *Institucions del dret civil de Catalunya*, 7ª ed., Valencia, 2009, p. 557
121. JUR 192804/2003.

que recaerá en el acreedor o persona que éste designe, una de las prestaciones a cargo del deudor de aquella relación antecedente o previa, prestación dada con el fin de garantía. Con ello se consigue que, llegado el evento asegurado, el acreedor beneficiario pueda hacer efectivo su crédito, mediante la suma asegurada, como un derecho propio, y por tanto, con total separación de la masa hereditaria del que fue su deudor, sin someterse, por tanto, a las normas sobre prelación y concurrencia de créditos si no fueran suficientes los bienes hereditarios o los de los propios herederos. No existe, por lo tanto, una integración a la masa hereditaria». En conclusión, la suma asegurada que percibe el beneficiario del seguro de vida no forma parte del *relictum* del tomador, por lo que no puede tenerse en cuenta para el cálculo de las legítimas.

En esta línea se orienta la posición de Represa Polo, salvo que concurra fraude en los términos que luego se expresarán. Argumenta esta autora que «el artículo 88 LCS dispone la inmunidad del derecho del beneficiario frente a la reclamación del legitimario, lo que en suma supone dejar al margen de la herencia del tomador el derecho del beneficiario, que sólo deberá responder en caso de contratación fraudulenta por el importe de la prima pagada, que será el sacrificio patrimonial que haya realizado el causante. Se compensan de esta manera los intereses en juego: beneficiario y legitimario, a la vez que se salva la voluntad del causante y se respeta la finalidad del contrato de seguro. Esta solución resulta posible por cuanto, aun reconociendo que el beneficiario recibe de manera lucrativa la indemnización, es innegable que la misma no proviene del patrimonio del causante, al menos no directamente, ya que sólo es resultado del precio pagado por el mismo»[122]. La misma idea sostiene la SAP Guadalajara 274/2018, de 28 de diciembre[123], que entiende que solo cabría computar las primas —considera

---

122. Represa Polo, «Los instrumentos de ahorro», p. 103.
123. Roj: SAP GU 399/2018.

que el seguro de renta vitalicia sí es seguro— en caso de perjuicio de las legítimas.

Y en este sentido se ha manifestado la STSJ Cataluña 26/2023, de 27 de abril[124], que entiende que no procede computar un seguro de vida, sin especificar porque se carece de la póliza aunque por el capital asegurado puede aventurarse que se trata de un seguro de renta vitalicia: «el capital del seguro de vida, objeto de un contrato inter vivos de carácter aleatorio no puede ser calificado como de donación inter vivos que deba computarse en la legítima. Le faltaría tanto el *animus donandi* como la aceptación del donatario». Asimismo, por estimar que no concurre fraude, la SAP Lleida 289/2022, de 25 de abril[125]: «sí sabemos que se suscribió 16 años antes del fallecimiento de la causante, poco tiempo después de la venta del negocio familiar al hijo y su esposa, y la correspondiente jubilación, cuando la causante contaba con 70 años y su esposo con 71, de modo que no podemos sospechar que mediante este producto y designando beneficiario al esposo se pretendiera realizar una atribución a título gratuito defraudando el derecho de los legitimarios, más cuando a partir del año 2003 a la hija legitimaria se le hizo entrega de cuantiosas sumas» (que luego cita la posterior 100/2024, de 25 de enero[126].

2.2. La computación de la totalidad de la prima

La línea que hoy puede considerarse mayoritaria es la que aboga por la computación de la totalidad de la prima. El grueso de las sentencias se inclina por entender que, indefectiblemente, en los seguros de renta vitalicia, en la medida en que disminuye el *relictum*, se produce una donación indirecta del tomador a los beneficiarios o una donación fraudulenta o inoficiosa. Cabe citar, a título ejemplificativo, y entre las más recien-

---

124. Roj: STSJ CAT 5364/2023.
125. Roj: SAP L 392/2022.
126. Roj: SAP L 99/2024.

tes, las siguientes sentencias: SAP Salamanca 117/2021, de 17 de febrero[127] («no debiendo olvidarse que estamos, ahora, en el inicio de las operaciones divisorias de la herencia cual la formación de inventario para luego practicar el avalúo, la liquidación y la división propiamente dicha, lo que procede en esta sentencia de alzada, en congruencia de lo que se ha venido argumentando, es estimar el recurso, declarando que la masa computable del inventario de la herencia de Elías, para calcular la legítima que corresponde a los hijos del mismo, como legitimarios, debe incrementarse en la cantidad de 100.000 euros, correspondiente al importe de la prima única satisfecha por dicho causante, Sr. Elías, correspondiente al seguro de prima única suscrito con la entidad Banco de Santander, póliza nº NUM001, a los exclusivos efectos de su computación y colación»); Asturias 251/2021, de 23 de junio[128] («para la computación de la legítima se deben agregar con carácter imperativo al caudal hereditario la totalidad de las donaciones llevadas a efecto por el causante, sin que sean dispensables por el causante y que en el caso presente sí afectan a la determinación de la legítima del recurrente, razón por la que debe estimarse la pretensión referida a la computación, no de la prima satisfecha por el causante en los contratos de seguro de renta vitalicia celebrados, sino de las prestaciones obtenidas por los beneficiarios como si fueran una donación»); Madrid, sec. 12ª, 19/2022, de 19 de enero[129] («las pólizas incluidas en el inventario no son seguros de vida, sino dos productos financieros y de inversión, por lo que las primas únicas satisfechas, y percibido ya el capital por las beneficiarias, han de calificarse con relación a tales beneficiarias como una disposición a título gratuito o donación, y por tanto, colacionables, y han de formar parte del activo de la masa hereditaria»); Barcelona, sec. 17ª, 174/2020, de 29 de julio[130] («Si analizamos la póliza menciona-

---

127. Roj: SAP SA 133/2021.
128. Roj: SAP O 2402/2021.
129. Roj: SAP M 4852/2022.
130. Roj: SAP B 9591/2020.

da se obtiene la conclusión de que su naturaleza no se aviene con la del típico seguro de vida, sino que se aproxima a un instrumento de inversión, y, de hecho en el extracto bancario se lo identifica como "pla d'estalvi NUM002". El resultado es que el capital que supone la prima única encubre en la práctica una donación a favor de la beneficiaria, en detrimento de los demás coherederos, y ello determina la pertinencia de que ese capital forme parte del caudal relicto»); Girona 78/2022, de 24 de febrero[131] («nos encontramos con un seguro de vida, renta vitalicia inversión deuda pública suscrito por la causante en fecha 05/08/2015, falleciendo en noviembre de ese mismo año, es decir 3 meses después de la suscripción del mismo con una prima única, análogo supuesto al contemplado en la STS y por lo tanto su importe deberá incluirse dentro del caudal relicto al estar en presencia de una donación inoficiosa como mantiene la parte apelante. Procediendo en consecuencia estimarlo como una donación inoficiosa, y en consecuencia incluirlo dentro el caudal relicto a repartir entre los coherederos»); Islas Baleares 550/2022, de 7 de noviembre[132] («los argumentos de la sentencia recurrida son acertados a la hora de considerar el producto como un producto financiero, no asimilable al contrato de seguro de vida, constituyendo, por tanto, un activo que ha de ser obligatoriamente incluido en la masa hereditaria»).

No se puede compartir esta orientación. Concebir la contratación de un seguro de renta vitalicia como una donación indirecta es innecesariamente alambicado[133], una vez que se ha expuesto la naturaleza jurídica de este producto de ahorro e inversión, que se caracteriza, también, por las rentas que perió-

---

131. Roj: SAP GI 290/2022.
132. Roj: SAP IB 2818/2022.
133. Resalta con razón la SAP Asturias 131/2022, de 5 de abril, Roj: SAP O 1261/2022, que «la equiparación con la donación también presenta dificultades, habida cuenta de que el favorecido nada recibe en vida del tomador». En opinión de esta sentencia, «lo aproximan a un contrato de depósito remunerado, si bien es verdad que también se diferencia de este porque el depositante renuncia a la restitución en vida del capital».

dicamente percibe el tomador. Menos afortunado es tratarlo como una donación inoficiosa, pues la posible inoficiosidad de una donación solo se plantea en el momento del pago de la legítima cuando no existen bienes relictos suficientes para satisfacerla, mientras que las sentencias que así lo consideran se hallan todavía en fase de cálculo del importe de las legítimas. En cuanto al fraude, como se considera a continuación, puede existir, pero no cabe tildar automáticamente a toda contratación de estos productos de ahorro e inversión como fraudulentos. En una visión global, la computación de toda la prima única o de todo el capital asegurado supone un exceso de protección a los legitimarios[134], porque se incrementa la base de cálculo de la legítima sin tener en cuenta las percepciones de renta del causante, uno de los elementos definitorios de este producto.

2.3. El seguro de renta vitalicia en fraude de los derechos de los legitimarios

El art. 88 LCS remarca, por lo que respecta a las reclamaciones de los herederos legitimarios y acreedores que «unos y otros podrán, sin embargo, exigir al beneficiario el reembolso del importe de las primas abonadas por el contratante en fraude de sus derechos»[135].

Por tanto, la pretensión de los legitimarios sobre toda o parte de la prima aportada por el tomador que se efectúa contra el beneficiario del seguro puede fundarse legítimamente en

---

134. REPRESA POLO, «Los instrumentos de ahorro», p. 103, habla de «ultraprotección» de la legítima.

135. La norma del art-88.1 LCS solo tiene sentido para el caso de que sea el propio tomador quien realiza el desembolso de la prima, ya que bien puede darse el caso que quién contrate el seguro —siendo el propio asegurado o persona distinta— no sea quien la pague con su propio patrimonio. Ese escenario, no obstante, no se da en los contratos de seguro de renta vitalicia, en los que la propia naturaleza del producto hace que se reúnan las figuras del tomador y del asegurado en la misma persona, cuyo interés en contratar no es otro que el de conseguir unos ingresos periódicos mediante la aportación de un capital.

la defraudación de sus derechos. Ahora bien, ¿qué hay que entender por fraude de derechos de los herederos legitimarios del seguro? El art. 88.1 LCS parece exigir que, para que se reconozca el derecho de los herederos legítimos al reembolso de las primas, se haya contratado el seguro con una finalidad defraudatoria. En cambio, según sostiene Callejo Rodríguez[136], no es necesario que se haya contratado el seguro con el objeto de defraudar los derechos de los legitimarios para que opere la regla del citado precepto, sino que basta con que sus derechos se vean perjudicados, por lo que habría que entender el fraude como perjuicio de los derechos de los legitimarios. Hay sentencias que comparten esta aproximación al tema; por ejemplo, la SAP Madrid, sec. 25ª, 531/2012, de 26 de octubre[137], interpretó el fraude como perjuicio a la legítima, al afirmar que en un contrato de seguro de renta vitalicia «el derecho a percibir íntegra la prestación tiene un límite sólo para el caso de fraude. Si ese derecho es oponible a los herederos y solo el fraude de sus derechos puede limitarlo, indudablemente deberá considerarse ese fraude en caso de que el importe de las primas perjudique la legítima»; la SAP Toledo 228/2012, de 31 de julio[138], concluye que «[e]l recurrente no contradice que la no inclusión o colación de la prima única del seguro perjudique la legitima del resto de los herederos forzosos (...) por lo que, acreditado el fraude de los derechos a los legitimarios procede la desestimación del motivo del recurso»; la SAP Valencia 572/2012, de 19 de octubre[139], la tomadora tenía 66 años al contratar una llbreta PVI, y el argumento es que la contratación produjo «un resultado no permitido por nuestro Ordenamiento Jurídico (...) deben integrarse en el *relictum*, a efectos del cálculo de la legítima, compraventas simuladas y otras formas de donación encubiertas para evitar los efectos previstos por la legislación en materia de sucesiones a favor de los legitimarios. Por todo

---

136. CALLEJO RODRÍGUEZ, *El seguro de vida para caso de muerte*, p. 9.
137. Roj: SAP M 17306/2012.
138. Roj: SAP TO 790/2012.
139. Roj: SAP V 4829/2012.

ello, a fin de que tengan cumplimiento los preceptos imperativos sobre la legítima y de preservar su intangibilidad, considero que deben computarse en el *relictum* las primas satisfechas por Dª Santiaga por las citadas pólizas de seguro»; o la SAP Salamanca 9/2014, de 13 de enero[140], que advierte de que «el fraude puede venir motivado por el hecho de que mediante la suscripción de un Seguro de Prima Única [es decir, una seguro de renta vitalicia], especialmente si se produce un cambio de beneficiario en fechas relativamente próximas al fallecimiento del causante y tomador del seguro, puede garantizarse una mayor cuota hereditaria a favor del beneficiario-legitimario, en perjuicio de la legítima que corresponda al resto de los legitimarios». Antes de entrar a valorar esta tesis, resulta conveniente revisar brevemente el concepto de fraude a la ley.

Para De Castro y Bravo, el fraude de ley supone «uno o varios actos que originan un resultado contrario a una norma jurídica, y al o a los que se ha amparado en otra norma dictada con distinta finalidad», aunque el propio profesor precisa que no es suficiente en términos de eficacia que esa otra norma proteja el acto fraudulento, sino que habrá que tener en cuenta su *ratio* dentro de la unidad del ordenamiento jurídico[141]. Entonces, De Castro elabora una tesis objetiva del concepto de fraude, en contraposición a otros autores posteriores, como Díez-Picazo y Gullón[142], que formulan una tesis subjetiva en la que la característica principal del fraude es la vulneración de una norma imperativa o prohibitiva, pero en la que juega un rol decisivo la intención de defraudar, literalmente, «el propósito de conseguir un resultado» prohibido por una norma imperativa. Esa subjetivación del concepto de fraude se sitúa en línea con el Código Civil, que reza en el art. 6.4 lo siguiente: «los actos realizados al amparo del texto de una norma que persigan un resultado prohibido por el ordenamiento jurídico,

---

140. Roj: SAP SA 9/2014.
141. De Castro y Bravo, F., *Derecho civil de España*, Madrid, 1984, p. 541.
142. Díez-Picazo, L., Gullón, A., *Sistema de derecho civil*, vol. I, Madrid, 12ª ed., 2012, p. 187.

o contrario a él, se considerarán ejecutados en fraude de ley y no impedirán la debida aplicación de la norma que se hubiere tratado de eludir».

Sin embargo, Díez-Picazo y Gullón, aunque incluyen el *animus defraudandi* en el concepto de fraude, dudan sobre si tal intención o propósito de violar la norma ha de existir en todo caso, y terminan por concluir que la evolución del fraude puede haber llegado hasta el punto de hacer innecesario entrar a discernir las intenciones o motivaciones que impulsaron a los sujetos a realizar el acto o actos en cuestión. Lo cierto es que ya De Castro criticó el *animus defraudandi* como requisito del fraude al observar la necesidad de deslindar la idea de fraude de la del engaño, afirmando que «no es necesario que la persona que realice el acto en fraude tenga, ni menos que se demuestre su intención de infringir la ley», entre otros motivos porque la institución del fraude tiene como finalidad la defensa del cumplimiento de las leyes y no el castigo de una conducta dolosa[143]. Además, De Castro advirtió de la dificultad difícilmente superable de la prueba de la intención de defraudar.

Por otro lado, Lacruz abogaba por la diferenciación entre dos categorías de fraude de ley, según los medios por los que se realiza: el fraude extrínseco y el fraude intrínseco[144]. El primero sería aquel que se realiza por medios externos a la norma que se pretende evitar, mientras que el segundo se materializaría en la propia norma aplicada. En otras palabras, el fraude de ley extrínseco recae sobre la norma que se rehúye a favor de la aplicación de otra (llamada «de cobertura») y, en cambio, el fraude de ley intrínseco supone la defraudación de la norma aplicada sin que exista un precepto distinto que pueda servir como «norma de cobertura». Además, precisa Lacruz, el fraude intrínseco «entra perfectamente en el no muy perfecto enunciado del art. 6.4 [del Código Civil], que a fin de cuentas está re-

---

143.   DE CASTRO Y BRAVO, *Derecho civil de España*, pp. 546-548.
144.   LACRUZ BERDEJO, J.L., *et al*, *Elementos de Derecho civil, Parte General, t. I, Introducción*, 3ª ed. revisada y puesta al día por J. Delgado Echeverría, Madrid, 2002, pp. 202-204.

dactado atenuando la doctrina del profesor De Castro con las orientaciones y casuística jurisprudenciales», de tal modo que la aplicación del art. 6.4 CC no tiene por qué comportar necesariamente la nulidad de los actos fraudulentos, sino que solamente la habrá si tales actos resultan ser, además, simulados o con causa ilícita y, entonces, les serán de aplicación los art. 1261.1º o 1275 CC, sobre la ineficacia de los contratos sin causa o con causa ilícita, y no la regla del art. 6.3 CC, sobre la nulidad de los actos contra la ley.

Esta tesis del fraude intrínseco está en consonancia con la anteriormente expuesta de Callejo Rodríguez, según la cual, para el concreto supuesto que se plantea en el art. 88.1 LCS, hay que entender fraude como perjuicio de los derechos de los legitimarios. La autora no considera la existencia de un *animus defraudandi* como requisito para la aplicación de la previsión del citado artículo y, por tanto, el mero perjuicio a los derechos de los legitimarios, con o sin intención defraudatoria por parte de su causante como contratante del seguro, hace que nazca el derecho de los herederos legítimos a reclamar el importe de la prima al beneficiario del seguro (no del capital asegurado del seguro de renta vitalicia por las razones expuestas).

Hay supuestos, los menos, en que los indicios de fraude son meridianos. Es el caso, por ejemplo, de la STSJ Cataluña 14/2010, de 7 de abril[145]. El tomador, a la edad de 89 años y poco antes de fallecer, aportó prácticamente todo su patrimonio al producto «Vida Caixa Pensión Vitalicia Inmediata», designando como beneficiaria una persona ajena a la familia más próxima. El TSJ conceptúa el producto como «un contrato que presenta las características de un vitalicio y que tiene una naturaleza mixta, con elementos tanto de seguro de vida como de un contrato aleatorio», para terminar concluyendo que ha de calificarse como un seguro de vida. La sentencia entiende que, al gozar el tomador de una economía saneada, el motivo de la contratación del producto no pudo ser otro que el de defrau-

---

145. Roj: STSJ CAT 3188/2010.

dar los posibles derechos legitimarios y, por consiguiente, ordenó computar en el *relictum* el valor de la prima desembolsada por el causante.

Hay sentencias reticentes con la extensión del fraude a toda contratación de productos de ahorro e inversión si no concurren estas circunstancias tan groseras como la que se acaba de describir. La SAP Valladolid 309/2012, de 16 de julio[146], resolvió un recurso de apelación promovido por el hijo de una causante que había suscrito determinados contratos de seguro de renta vitalicia en los que había designado como beneficiaria de la suma asegurada a su sobrina. El apelante alegó la existencia de fraude de sus derechos legitimarios, pero el tribunal desestimó el recurso porque «esa parte nada ha acreditado en autos sobre la referida y posible constitución en fraude de tales disposiciones en seguros de renta vitalicia, ningún indicio racional y objetivo hay en autos que indique que tales suscripciones respondan a un plan o ardid preconcebido por el causante con el solo propósito de sustraer de la masa hereditaria y a favor solo de su sobrina (...) tales cantidades para defraudar los derechos legitimarios, lo que exige el propio art. 88,1 de la Ley de Contrato de Seguro». Otro ejemplo se encuentra en la SAP Alicante 158/2013, de 10 de abril[147], que defendió que «la prima única satisfecha a la contratación [de un seguro de renta vitalicia], no puede formar parte ab initio del activo del caudal relicto, en tanto no se constate que perjudica los derechos legitimarios, pues el importe de la prima solo podrá tomarse en consideración a efectos de comprobar si perjudica la legítima, para en su caso proceder a la oportuna reducción», es decir, no computa para el cálculo y se deja para otra fase si se aplica la noción de inoficiosidad. En el concreto caso analizado en la Sentencia, se concluye que no ha de incluirse la prima en el *relictum* porque «no solo no se ha practicado prueba dirigida a acreditar dicho perjuicio o fraude en la contratación, ni tan si-

---

146. Roj: SAP VA 1136/2012.
147. Roj: SAP A 1559/2013.

quiera existe indicio racional de que su suscripción tuviese por objeto sustraer de la masa hereditaria cantidad para defraudar los derechos legitimarios».

No es solo la dificultad de la prueba del fraude, es que la misma idea de fraude, salvo casos flagrantes, no estará presente en un negocio en que el tomador tiene la expectativa de percibir d manera vitalicia una renta a cambio de la entrega del capital y de obtener una determinada rentabilidad fiscal. De ahí que se proponga una solución de equilibrio que se basa en el respeto a los derechos de los legitimarios sin sobreprotegerlos. Porque el tomador del producto de ahorro e inversión no tiene obligación de tratar por igual a sus legitimarios mientras respete su derecho a la legítima. Este derecho indisponible se concentra en la legítima estricta, pues cabe la mejora de solo alguno de los descendientes y, además, dispone de un tercio de la herencia con el que libremente beneficiar a quien desee, aunque no sea ni legitimario ni descendiente. Por consiguiente, el fraude, como perjuicio de los legitimarios, exige que no se respete su derecho a la legítima estricta.

2.4. La computación de la despatrimonialización efectiva del tomador del seguro de renta vitalicia

En el contrato de seguro de renta vitalicia, la entidad financiera/aseguradora asume, como se ha dicho, dos obligaciones: una inmediata, que es el pago de la renta vitalicia estipulada; y otra diferida, la entrega del capital asegurado al beneficiario. Estas rentas que percibe el tomador se integran en su patrimonio y, con ellas, se enriquece. Es por ello por lo que resulta mucho más adecuado, lo mismo que ocurre en el ámbito general del fraude de acreedores, prescindir de una noción subjetiva como el ánimo defraudatorio para centrarse en una noción más objetiva como el perjuicio económico[148]. Hay que conce-

---

148.   Vaquer, A., «From Revocation to Non-Opposability. Modern Developments of the Paulian Action», en MacQueen, H.L., Vaquer, A., Espiau, S. (ed.), *Regional*

der que la suscripción de un contrato de seguro de renta vitalicia, con aportación de una prima única, disminuye la base de cálculo de las legítimas al disminuir el *relictum*. Por eso, es necesario computar; además, si realmente se comprueba que concurre perjuicio para las legítimas por insuficiencia de bienes relictos, y procede la reducción, el proceso lógico requiere previamente la computación[149]. Pero no debe irse más allá del perjuicio económico efectivo que sufren los legitimarios con la suscripción de un seguro de renta vitalicia. Esto supone que hay que computar en el caudal relicto para el cálculo de las legítimas aquella cantidad de capital aportada por el tomador/asegurado que no haya sido compensado mediante la percepción de rentas, pues el tomador-asegurado recibe, a cambio del desembolso del capital, unas rentas periódicas durante toda su vida que, en función del tiempo que sobreviva, comportarán un mayor o menor grado de reequilibrio patrimonial. Si el rentista sobrevive el tiempo necesario para consumir un total de rentas equiparable a la suma que desembolsó en concepto de prima, no debería considerarse esa prima computable en su herencia, puesto que su patrimonio se habrá recompuesto y, al cabo, la situación final será la misma que si el seguro de renta vitalicia no hubiera sido contratado. Por el contrario, si el tomador fallece al poco tiempo de contratar, su patrimonio se habrá reducido en perjuicio de los derechos de los legitimarios, lo que implicaría la necesidad de computar la prima en el *relictum* del tomador descontando las rentas vitalicias efectivamente ingresadas. El cálculo no es complicado, pues la entidad financiera/aseguradora tiene anotadas tanto la prima de sus-

Private Laws and Codification in Europe, Cambridge, paperback edition, 2007, p. 199 ss.

149. Como señala la SAP Madrid, sec. 12ª, 324/2020, de 30 de octubre, Roj: SAP M 12420/2020, «la designación como beneficiario en la póliza de seguro de renta vitalicia puede afectar a los derechos legitimarios de los actores, por lo que considerando equiparable su posición a la de una donataria, puede dar lugar a una reducción al perjudicar la legítima de sus hijas»; a continuación, sin embargo, ordena la computación de la totalidad de las primas, sin matices.

cripción como el importe de las rentas vitalicias satisfechas. Puede utilizarse como ejemplo la SAP Madrid, sec. 12ª, 19/2022, antes citada: la renta mensual era de 1.686,19 euros por una aportación de 600.000 euros, de modo que el tomador ingresaba cada año más de 20.234 euros, lo que supone que si hubiera vivido diez años habría recuperado en su patrimonio un tercio de la inversión. En tal caso resulta inequitativo que los legitimarios puedan adicionar para el cálculo de las legítimas todo el capital aportado. Con la solución que se propone se logra una solución neutra, que evita el perjuicio de los legitimarios en su justa medida, porque toma en consideración el balance final para el patrimonio del tomador de la suscripción del contrato de seguro de renta vitalicia, sin protegerlos más allá de lo estrictamente necesario en defensa de sus derechos.

En la tesis que aquí se defiende cabe inscribir algunas sentencias. La primera que apunta en esta dirección, pese a que tiene que leerse entre líneas, es la SAP Madrid, sec. 25ª, 531/2012, de 26 de octubre[150], cuando concluye que «debe entenderse ajustado a Derecho, también el fundamento jurídico tercero de la sentencia recurrida, entendiendo que la formación del inventario en el supuesto de autos fue correcto, pues el importe dela prima solo podrá tomarse en consideración a efectos de comprobar si perjudica la legítima, para en su caso proceder a la oportuna reducción, por lo tanto, la sentencia de instancia debe confirmarse en cuanto que la inclusión de la prima de seguro controvertida en la cuenta de partición únicamente se entiende a efectos de que el valor de rescate sólo se podrá integrar en el caudal relicto del causante, conforme a las condiciones del comentado fundamento jurídico tercero de la sentencia apelada». No habiendo podido consultar la sentencia de primera instancia, se desconoce ese cálculo, pero se observa que la computación es solo a efectos de evitar el perjuicio de la legítima y que se hace por el valor de rescate y no por la prima aportada. Para comprender el porqué de esta decisión

---

150. Roj: SAP M 17306/2012.

quizá haya que tener en cuenta que antes (FJ 2°, última frase) se había indicado que «tanto el causante como la propia viuda pudieron disfrutar de la renta mensual vitalicia que también se recoge en las pólizas cuya unión al caudal relicto pretende la apelante». Mucho más clara es la SAP Islas Baleares 229/2014, de 23 de julio[151], que realiza un largo razonamiento: «Para poder asimilar la prima del seguro suscrito por el causante a una donación, colacionable, que deba computarse en el *relictum*, porque se suscribió en fraude de ley para perjudicar los derechos de los legitimarios, como se pretende por el recurrente, se hace imprescindible analizar el contrato y el resto de elementos probatorios obrantes en el procedimiento. No ha sido cuestionada la validez del contrato, sino la intencionalidad del causante, al suscribir un seguro de vida, con la finalidad de dejar sin efecto la legítima estricta de su hijo, que es lo único que le legaba en su último testamento, y ello atendiendo a la mala relación que tuvieron en los últimos años, hecho que no ha sido cuestionado por nadie, y que aparece corroborado con el procedimiento de juicio ordinario 1095/2006 seguido ante el Juzgado de Primera Instancia número 8 de esta Ciudad, instado por D. Patricio contra su padre D. Luis Manuel solicitando la reserva del artículo 968 del Código Civil sobre los bienes de la difunta madre del primero y primera esposa del segundo, Doña Juliana. De la documental de los folios 33 y siguientes, expresiva de los bienes de los que era usufructuario el Sr. Luis Manuel no se desprende la necesidad por parte del mismo de cubrir sus necesidades con la suscripción del seguro de vida que aquí se cuestiona. Tampoco ha alegado ni mucho menos probado tal extremo la parte demandada, siendo que recaía sobre la misma su facilidad probatoria, en la necesidad de realizar una inversión que le proporcionaba un menor beneficio que una simple imposición a plazo fijo, en la que hubiera reci-

---

151.   Roj: SAP IB 1467/2014. De acuerdo con la propuesta que se contiene en el texto, De Barrón Arniches, P., «*Will substitutes* y derechos familiares sucesorios», en Tarabal Bosch (dir.), *Previsión y transmisión intergeneracional,* pp. 136-137.

bido un importe mensual bastante superior. Es decir, la intención de D. Luis Manuel era que Doña Bárbara percibiera la mayor parte posible de su patrimonio, y la explicación razonable para entender por qué incluso perdió dinero con este contrato era evitar que el importe de la prima que, como se ha dicho, constituye su único bien conocido, computara a efectos de calcular la legítima de su hijo. No es esta la finalidad protegida por nuestro ordenamiento jurídico, sino justamente la opuesta, que ha considerado que deben integrarse en el *relictum*, a efectos del cálculo de la legítima, compraventas simuladas y otras formas de donación encubiertas para evitar los efectos previstos por la legislación en materia de sucesiones, en relación a descendientes y ascendientes a favor de los que la ley hace reserva, incluso contrala voluntad del testador, a menos que se incurra en causa de desheredación. Por ello, en ocasiones como esta se utilizan fórmulas para evitar el cumplimiento de la Ley, frente a las que el ordenamiento reacciona, como lo hace el artículo 88 de la Ley de Contrato de Seguro, al señalar que acreedores y herederos podrán "exigir al beneficiario el reembolso del importe de las primas abonadas por el contratante en fraude de sus derechos". Se considera por tanto que se está ante el supuesto previsto en el segundo inciso del primer párrafo del artículo 88 de la Ley de Contrato de Seguro que establece que "Unos y otros, podrán sin embargo, exigir al beneficiario el reembolso del importe de las primas abonadas por el contratante en fraude de sus derechos". Se trata de una previsión normativa de derecho necesario que acude en defensa de la intangibilidad de la legítima, que de otro modo podría verse fácilmente burlada mediante la total o mayoritaria colocación del capital dinerario del causante en pólizas de vida. Protección de la legítima tanto más acusada en los seguros de prima única que en los de prima periódica, ya que en aquéllos la correspondencia entre el capital asegurado y la prima es mucho mayor que en los segundos; en los seguros sobre la vida para caso de muerte de prima periódica la aleatoriedad es mayor, ya que la prima total satisfecha dependerá a la postre de lo que el evento cuyo riesgo es objeto de cobertura —fallecimiento del asegurado— diste en el tiempo de la fecha de inicio del seguro. (…) Por ello y teniendo en cuenta que al fallecimiento de D. Luis Manuel el 21 de diciembre de 2010, el capital inicial fue consumido por el propio tomador y asegurado en un 45%, tal como alega la parte demandada, la cantidad a reembolsar por parte de la Sra. Bárbara será de acuerdo con lo prevenido en el artículo 42 de la compilación Balear, la suma de 18.000.- euros».

Un argumento adicional en derecho catalán lo aporta el art. 451-5.b) CCCat, cuando establece que las donaciones a no legitimarios realizadas más de diez años antes de la defunción del causante no se computan en el cálculo de la legítima. Aplicada esta idea al seguro de renta vitalicia, el cómputo de toda la prima no debe ser automático, sino que es preciso atender al tiempo transcurrido desde la contratación del producto de ahorro e inversión. Y proporciona un argumento para no computar la prima cuando beneficiario y heredero son la misma persona y no es uno de los legitimarios y han discurrido más de diez años desde la contratación, de particular interés cuando este beneficiario y heredero es el cónyuge o conviviente.

En definitiva, se trata de buscar una solución lo más equilibrada posible para todos los interesados y, a la vez, respetuosa con el art. 88 LCS. El beneficiario recibe íntegramente el capital asegurado, pero el legitimario no ve reducida la base de cálculo de su legítima por los negocios que haya concertado en vida su causante, sino que, por el contrario, se tiene presente la despatrimonialización efectiva que han generado tales negocios. Un anticipo de esta posición se encuentra en la computación de las donaciones onerosas, que, de acuerdo con las STSJ Cataluña 16 de diciembre de 1993[152] y 21 de marzo de 1994[153], deben computarse, pero solo en la parte que excede del gravamen[154]. La idea es la misma: hay que computar aquella canti-

---

152. RJ 1993/10200.
153. RJ 10648.
154. Véase VAQUER ALOY, A., «La legítima en el derecho civil de Cataluña», en T.F. Torres García (coord.), *Tratado de legítimas*, Barcelona, 2012, p. 488.

dad en que se ha descapitalizado el tomador, en la que realmente ha disminuido el *relictum,* lo que supone tomar en consideración el importe de las rentas vitalicias percibidas y descontarlas de la prima aportada al concertar el seguro.

2.5. Plazo para exigir la computación

Las dificultades en la configuración de la atribución del capital asegurado al beneficiario se extienden a la prescripción. La SAP Asturias 131/2022, de 5 de abril[155], tras considerar que el caso puede tratarse como un supuesto de fraude de ley por burlar las normas sobre legítimas, a pesar de que nada dice de la edad del tomador, de la renta vitalicia que percibía, y el capital aportado es modesto (56.000 euros), considera aplicable el plazo de cinco años que se corresponde tanto con la pretensión de reducción de donaciones inoficiosas como de revocación por supervivencia o superveniencia de hijos. Huelga decir que el plazo de 5 años es el que prevé, también, el art. 23 LCS para las acciones que deriven de un seguro de personas y el plazo general del art. 1964.2 CC. En cuanto al *dies a quo,* toma en consideración la fecha del fallecimiento del causante, lo que no encaja con el art. 646 CC sobre la revocación de donaciones por supervivencia o supervivencia que opera subjetivamente («desde que se tuvo noticia del nacimiento del último hijo o de la existencia del que se creía muerto»), lo que debiera haber conducido a situar el día inicial del plazo prescriptivo en la fecha en que se tuvo conocimiento de la existencia del seguro de renta vitalicia. En cualquier caso, la remisión a estos plazos y la elección de este *dies a quo* constituyen evidencias de la necesidad de un trato legislativo unitario de la sucesión y estos cauces extrasucesorios de transmisión de la riqueza a la muerte. Porque, si se trata de la reclamación de la legítima o de su suplemento, deberían aplicarse los plazos correspondientes a

---

155.   Roj: SAP O 1261/2022.

estas dos pretensiones, según se reclame toda la legítima o únicamente el suplemento.

3. LA IMPUTACIÓN A LA LEGÍTIMA

En relación con la legítima, resta una última cuestión que plantearse, en la que las sentencias analizadas no se detienen pese a las calificaciones de las aportaciones en forma de primas como donaciones inoficiosas o fraudulentas, cual es la de si el importe de las primas computadas o el capital asegurado que recibe el beneficiario que es legitimario del tomador debe imputarse a su legítima. Podría pensarse que una vez que se computa la prima aportada al contrato de seguro de renta vitalicia para el cálculo de la legítima colectiva, incrementando la base, debería igualmente imputarse al beneficiario legitimario como si se tratara de un anticipo en el momento de determinar su legítima individual. La respuesta debe ser matizada. No debe imputarse sin más en la legítima individual lo que se ha previamente computado o lo que el legitimario que sea beneficiario recibe en virtud del seguro de renta vitalicia. Las razones son diversas. La primera es que, como se ha razonado anteriormente, lo que debe computarse no es el capital asegurado, sino la prima aportada reducida en el importe de las rentas vitalicias efectivamente percibidas por el tomador. Si el capital asegurado no computa, tampoco debe imputarse a efectos de las legítimas individuales. Además, el capital asegurado lo recibe el beneficiario que es legitimario de la entidad financiera/aseguradora, no se trata de una atribución realizada por el causante.

Pero, aun si se estima que debe computarse todo el capital asegurado para calcular la legítima, todavía hay una tercera razón, probablemente la más importante, que ha de conducir a defender la no imputación: la decisión de designar a uno o varios de los legitimarios —si todos los beneficiarios designados son también legitimarios ya no hay lugar a debatir la cuestión— encierra la voluntad de desigualar a los legitimarios, y esa voluntad de desigualar es la clave para decidir si una atribución debe o no ser imputada. En efecto, al designar uno o más beneficiarios del seguro de renta vitalicia, de entre todos los legitimarios, el tomador segrega un capital de su patrimonio para obtener una renta vitalicia, y, a la vez, prevé que el beneficiario adquiera a su fallecimiento ese capital, con independencia del curso que siga su herencia, con lo que manifiesta una voluntad evidente de desigualar[156] a los posibles interesados en su sucesión, al vehicular la trasmisión de una parte de sus bienes por un cauce distinto de la herencia. La voluntad de desigualar es perfectamente legal siempre que no se cause perjuicio a las legítimas. Por consiguiente, y admitiéndose la libertad del testador para, en el Código civil[157], decidir la imputación a alguno de los tercios, la cantidad computada debe imputarse preferentemente a los tercios libre y de mejora, asimilándola a una donación en concepto de mejora tácita[158], de

---

156. Que la clave radica en la voluntad de desigualar es algo que subraya la doctrina; véase, entre otros, TORRES GARCÍA, T.F., DOMÍNGUEZ LUELMO, A., «La legítima en el Código Civil», en Torres García, T.F. (coord.), *Tratado de legítimas*, Barcelona, 2012, p. 45; CAPILLA RONCERO, F., art. 819, en Cañizares/De Pablo/Orduña/Valpuesta (dir.), *Código Civil*, p. 875; ALBALADEJO, *Curso*, p. 401.
157. VELA SÁNCHEZ, A.J., «Claves para la imputación de donaciones y legados en el haber hereditario», *Revista de Derecho Civil*, 2018, pp. 336-337: «las donaciones hechas a los legitimarios —no sólo a los hijos, como indica la norma, sino, como se verá a continuación, a cualquier legitimario, sea descendiente o ascendiente o, incluso, cónyuge supérstite—, se imputan primeramente en la cuota legitimaria que les corresponda. Ello será así salvo que conste claramente la voluntad del causante de imputarlas en otro tercio —o en otra cuota hereditaria existente, dependiendo del tipo de legitimario de que se trate—, o expresa o claramente se le haya dado a la donación carácter de mejora tratándose, únicamente, en esta hipótesis, de donatarios descendientes, ya sean herederos forzosos o no (ex art. 823 CC). La segunda regla legal básica de imputación es que las donaciones hechas a los no legitimarios —tanto verdaderos «extraños» al causante, según dice el precepto, como quienes no son tales «extraños» como, por ejemplo, los descendientes o ascendientes que no sean legitimarios—, se imputan en la parte que, por no ser legítima, puede disponer libremente el testador, esto es, en la parte libre de la herencia, cuya cuantía, repito, será distinta según sean legitimarios los descendientes, los ascendientes o el cónyuge viudo del finado».
158. La STS 502/2006, de 29 de mayo, Roj: STS 3345/2006, y luego la 468/2019, de 17 de septiembre, Roj: STS 2854/2019, admiten la voluntad tácita de mejorar:

modo que, siendo suficiente el causal relicto para satisfacer todas las legítimas, no deba compartir el beneficiario el capital recibido. En Cataluña, no hay imputación del capital asegurado en la legítima del beneficiario que además es legitimario, de modo que dicho capital se acumula a aquello que pueda recibir por vía sucesoria sin interferencia o merma alguna[159].

Otra cosa es que el testador haya utilizado expresamente el seguro de renta vitalicia como medio de pago de la legítima. Este es el supuesto de la STSJ Cataluña 56/2014, de 28 de julio[160], en que el testador legó una cuarta parte del dinero de-

---

«considerar que la donante mejoró a su hija por el hecho exclusivo de la donación no es admisible de acuerdo con el citado precepto, que exige no sólo voluntad de donar en el donante sino algo más, y es la voluntad inequívoca de mejorar, aunque no se emplee la palabra mejora»; no puede considerarse sino una voluntad inequívoca de mejorar designar un o unos solos legitimarios beneficiarios de un producto de inversión y ahorro existiendo más legitimarios. Véase, sobre la imputación y la mejora tácita, DOMÍNGUEZ LUELMO, A., ÁLVAREZ ÁLVAREZ, H., *Manual de Derecho civil. Vol. VI. Derecho de sucesiones,* Las Rozas (Madrid), 2021, pp. 376-378; GAGO SIMARRO, C., *Las donaciones en la sucesión hereditaria,* Cizur Menor, 2021, p. 209 ss. Además, como se verá en el capítulo siguiente, si hay que entender que el capital asegurado no es colacionable, ello determinaría, a su vez, que tácitamente se entendiera como mejora. Véase, además, la propuesta de NIETO ALONSO, A, «La interpretación y calificación como mejora tácita de disposiciones "inter vivos" y "mortis causa"», *Actualidad Jurídica Iberoamericana,* N° 20, febrero 2024, pp. 730 ss.
Puede tomarse como ejemplo la SAP Valencia 309/2020, de 29 de mayo, Roj: SAP V 1313/2020. La causante, a los 96, designó beneficiaria a una de sus hijas de los seguros de renta vitalicia que había contratado años atrás. Las primas alcanzaban la cantidad de 407.484,30 €, sobre un caudal relicto valorado en 839.013,43 €. La sentencia ordena la íntegra computación de las primas por fraude a las legitimarias. Pero, si bien se mira, siendo 3 las legitimarias, su legítima estricta ascendía a 139.835 €, con lo que el caudal relicto bastaba para satisfacerlas, evidentemente aceptando la equiparación de la designación a una mejora.
159.   Esta es también la solución que propugna la STSJ Cataluña 1/2014, de 2 de enero, Roj: STSJ CAT 3/2014: «la Sala tampoc pot estimar l'al·legació exposada, en haver de partir d'un contracte atípic [el seguro de renta vitalicia] que no pot ésser considerat una donació mortis causa, i pel fet que la voluntat de la testadora revela de forma clara que no volia que la dita quantitat fos imputable a la legítima de la seva filla».
160.   Roj: STSJ CAT 9131/2014.

positado en cuentas y la cuarta parte del capital de los seguros de vida que tenía suscritos «en total pago de sus derechos legitimarios y en lo que exceda como mera liberalidad». Desde el momento en que el derecho catalán consiente el pago de la legítima en metálico extrahereditario (art. 451-7.2 CCCat), es admisible el recurso del testador al capital asegurado en tanto que cantidad de dinero ajeno a la herencia. Pero ahora ya no se trata de imputar a la legítima, sino del pago de la legítima. En efecto, de la transcripción que del testamento se hace en la sentencia resulta meridianamente claro que el testador no nombra beneficiario de los seguros de vida al hijo demandante, sino que le lega una cuarta parte del capital asegurado, o sea, realiza a su favor un legado de dinero en pago de su legítima, en concreto 1/4 del capital asegurado. Es incorrecto, pues, que se afirme que la «atribución realizada por el causante (...) mediante la designación como beneficiario de sus pólizas de vida en pago de su legítima, es válida», pues no existe tal designación. La sentencia yerra también en su razonamiento posterior, al intentar justificar su decisión en que si bien el capital asegurado no integra la herencia y, por consiguiente, no supone bienes de exclusiva, plena y libre propiedad del testador, no obstante el legitimario no hizo uso de su facultad de renunciar el legado y reclamar la legítima estricta, pues cobró del banco —no sé indica por qué razón— la mitad del capital asegurado. Esta opción la confiere el art. 451-7.3, como antes el art. 358 CS, cuando se trata de bienes, pero no cuando el legado es de dinero, cuyo origen extrahereditario se admite expresamente. La invocación de la donación indirecta —«Téngase en cuenta que en orden a las disposiciones de carácter gratuito, el art. 359 CS establece que son imputables a la legítima de cualquier legitimario las donaciones por causa de muerte otorgadas a su favor por el causante, salvo pacto en contrario o si el causante lo exceptúa en testamento o codicilo, así como las donaciones entre vivos otorgadas por el donante como imputables a ellas o que sirvan de pago o de anticipo a cuenta de la legítima»— es dudosa para el seguro de vida, producto que es el núcleo del debate, pero impropia para el seguro de renta vitalicia. Por las razones sobradamente expuestas, no puede equipararse la contratación del seguro de renta vitalicia y la designación de beneficiario con una donación, en atención a la repetida onerosidad del negocio para el tomador. Tampoco cabe equiparar pago de la legítima e imputación a la legítima. Y, por último, se han expuesto los motivos por los que no procede la imputación legitimaria de la prima aportada.

4. APLICACIÓN DE LA SOLUCIÓN PROPUESTA A OTROS DERECHOS SUCESORIOS

La solución que se propone de computar a efectos del cálculo de las legítimas la prima aportada reducida por las rentas vitalicias efectivamente percibidas resulta aplicable a otros derechos sucesorios cuya valoración toma como base el patrimonio relicto del tomador del seguro de renta vitalicia con el recurso de la computación. Tal es el caso, por ejemplo, de la cuarta viudal en el derecho civil de Cataluña, pues el art. 452-3 CCCat establece que al patrimonio hereditario líquido debe añadirse el valor de los bienes donados o enajenados por el causante a título gratuito con aplicación del artículo 451-5, letras b), c) y d), o sea, las normas sobre computación legitimaria a que se ha hecho referencia a lo largo de este capítulo. Por consiguiente, para el cálculo de la cuarta vidual deberá computarse la prima aportada al seguro de la forma que se ha razonado. Ahora bien, para determinar si el cónyuge tiene derecho a la cuarta hay que atender, en primer lugar, a sus bienes propios (art. 452-1.1 CCCat), entre los que habrá de incluir al capital asegurado que obtiene al fallecimiento de su consorte causante, si es designado como beneficiario.

CAPÍTULO V

El seguro de renta vitalicia y la colación

1. REGLAS JURÍDICAS Y OPINIONES DOCTRINALES

Cuando la sucesión se rige de acuerdo con el Código Civil, y el beneficiario del capital asegurado de un seguro de renta vitalicia es uno de los legitimarios del tomador/causante, en el caso de que concurra el supuesto de hecho de la colación —que, en realidad, no va ligado al cálculo de la legítima sino a la partición de la herencia—, cabe preguntarse sobre la colacionabilidad del capital aportado en forma de prima única por el tomador o del capital asegurado a que tiene derecho el beneficiario. La misma pregunta puede formularse al amparo del derecho civil catalán que no exige que el obligado a colacionar sea legitimario, bastando la doble condición de heredero y descendiente.

Parece claro que debe desecharse la colación del capital asegurado, porque no forma parte de la herencia, porque su entrega es una obligación de la entidad financiera/aseguradora, que debe cumplir directamente en la persona del beneficiario, y porque, como se ha argumentado en el capítulo anterior, no debe tenerse en cuenta en su integridad —salvo los verdaderos casos de fraude— para el cálculo de la legítima.

Por lo que respecta a la colacionabilidad de las primas del seguro de vida, la doctrina está dividida. En contra de la colación de las primas están quienes sostienen que estas no han sido percibidas por el beneficiario, sino por la aseguradora, y no puede colacionarse aquello que no se ha recibido, además de resultar tal colación incongruente con el reconocimiento de un derecho originario al cobro de la suma asegurada al beneficiario[161]. A favor de la colación de las primas[162] se señala que estas han sido satisfechas con el patrimonio del tomador, por lo que han supuesto una disminución de su patrimonio y, aunque el beneficiario-legitimario que percibe el capital asegurado lo hace en virtud de un derecho originario al cobro del mismo, no resulta ajustado a derecho que se le proteja en perjuicio de las pretensiones de los demás legitimarios. En una posición intermedia se mantienen quienes consideran que hay que ponderar las prestaciones para evaluar su equidad. Así, Riera Aisa sostiene que para decidir colacionar o no las primas los tribunales habrán de tenerse en cuenta las circunstancias particulares del caso y la voluntad del causante[163].

Actualmente, no hay ninguna norma en los distintos derechos civiles vigentes en España que regule específicamente la colacionabilidad de las primas de seguros, ni tampoco de los seguros de renta vitalicia. En la Compilación del Derecho Civil de Cataluña (art. 273.1) se establecía de forma expresa la obligación de colacionar las primas de los seguros de vida, con la salvedad de que la voluntad del causante fuera contraria a ello: «El descendiente que como heredero concurra con otro descendiente también heredero en la sucesión testada o intestada de un ascendiente común, deberá colacionar a los efectos de partición de la herencia, salvo voluntad contraria del causante,

---

161.   Véase el aparato argumental en Callejo Rodríguez, «El pago de la suma asegurada», p. 9.

162.   Alonso Pérez, M., «La colación de las donaciones remuneratorias», *Revista Crítica de Derecho Inmobiliario*, julio-agosto, 1967, pp. 1.017-1.073, argumentó que hay que colacionar las primas de los seguros de vida.

163.   Riera Aisa, L., *El llamado derecho propio del beneficiario de un seguro de vida al capital del mismo y las relaciones jurídicas familiares sucesorias y obligacionales del que lo contrató*, Madrid, 1995, p. 337.

expresada en testamento o en codicilo, o al otorgar la donación o liberalidad, los bienes que haya recibido de dicho causante, por actos entre vivos a título gratuito, siempre que sea por razón de su matrimonio o para pagarle la legítima, darle alguna carrera profesional, artística o de otra clase, establecerle un negocio o industria, satisfacerle sus deudas o las primas de seguros de vida en su beneficio, y por cualquier otra donación o liberalidad, en cuyo otorgamiento se establezca expresamente que sea colacionable».

Resulta evidente de la redacción —por el uso de «sus» en relación con «deudas» y «las» con «primas», sin posesivo— que el precepto contemplaba la prima de un seguro contratado por el causante a beneficio del heredero, ordenando su colación[164]. Luego, el Código de Sucesiones de Cataluña (art. 43.1) y el Código Civil de Cataluña (art. 464-17.1) cambiaron de criterio y suprimieron la mención de las primas, limitando la presunción legal *iuris tantum* de colacionabilidad de donaciones al único caso de que fueran hechas como anticipo de la legítima. En la misma línea cabe situar al Código Civil (art. 1035) y a los derechos civiles aragonés (art. 362.1 CFA), vasco (art. 59-2 LDCV) y navarro (ley 332 FN), aunque entre el primero y los segundos hay una diferencia importante, cual es que en estos es el causante quien debe establecer la colacionabilidad, mientras que en el Código Civil es una obligación que el causante puede excluir. El derecho comparado ofrece otras soluciones alternativas. El Código de Seguros francés adopta una posición moderada, excluyendo de la colación y de la reducción las primas que «no hayan sido manifiestamente exageradas en relación con su patrimonio»[165]. A sensu contrario, cabe entender que son colacionables las primas cuando los Tribunales obser-

---

164. Para PUIG FERRIOL, L., ROCA TRIAS, E., *Fundamentos del derecho civil de Cataluña*, III-2, Barcelona, 1984, p. 599, se trataba de una donación indirecta al descendiente beneficiario
165. Art. L132-13: «Le capital ou la rente payables au décès du contractant à un bénéficiaire déterminé ne sont soumis ni aux règles du rapport à succession, ni à celles de la réduction pour atteinte à la réserve des héritiers du contractant.

ven que fueron pagadas comportando unos gastos extraordinarios para el patrimonio del causante teniendo en cuenta la relación de estos con la prestación percibida a cambio[166]. El Código Civil italiano admite de forma expresa la colacionabilidad de las primas en el art. 1923, cuando declara aplicables las normas sobre colación. Entre ellas, el art. 741 del propio *Codice*[167] ordena la colación de aquello que el causante ha pagado en primas relativas a seguros de vida, al ser entendido como una donación indirecta.

En la doctrina española se observa una pluralidad de opiniones, con predominio de voces más matizadas. En relación con los seguros de vida, Roca Juan[168] defendió que procedía colacionar «lo desembolsado por el difunto, o sea, las primas satisfechas al asegurador». Y a continuación suavizaba: «Creo que no debe colacionar el heredero las primas por cantidad superior al capital asegurado que recibe, porque el heredero solo en el capital resulta enriquecido». El primer matiz a la colacionabilidad propone contrapesar la prima aportada con el capital efectivamente percibido por el beneficiario, con el fin

---

Ces règles ne s'appliquent pas non plus aux sommes versées par le contractant à titre de primes, à moins que celles-ci n'aient été manifestement exagérées eu égard à ses facultés».

166. Esta suavización la defendió en España Vallet de Goytisolo, J.B., *Estudios de derecho sucesorio. Vol. IV, Computación, imputación, colación*, Madrid, 1982, p. 510, quien consideraba colacionables las que no podían catalogarse como donaciones usuales atendidas las circunstancias del caso, la fortuna del estipulante y la cuantía de las primas; le sigue, señalando que es la doctrina mayoritaria, Espejo Lerdo de Tejada, M., art. 1035, en Bercovitz, R. (coord.), *Comentarios al Código civil*, 5ª ed., Cizur Menor, 2021, p. 1323. Le siguió, también, citándole, para derecho catalán, Maluquer de Motes Bernet, C.J., art. 273, en Albaladejo, M. (dir.), *Comentarios al Código Civil y Compilaciones Forales*, t. XXIX-3º, Madrid, 1986, p. 308.

167. «È soggetto a collazione ciò che il defunto ha speso a favore dei suoi discendenti per assegnazioni fatte a causa di matrimonio, per avviarli all'esercizio di una attività produttiva o professionale, per soddisfare premi relativi a contratti di assicurazione sulla vita a loro favore o per pagare i loro debiti».

168. Roca Juan, J., art. 1035, en Albaladejo, M. (dir.), *Comentarios al Código Civil y Compilaciones Forales*, t. XIV-2º, Madrid, 1989, p. 33.

de evitar que la colación superara en cantidad al efectivo incremento patrimonial del beneficiario. Sigue esta senda Callejo Rodríguez[169], para quien las primas de un seguro de vida a favor de tercero comportan un desembolso que parte del patrimonio del tomador hacia el asegurador y que enriquecen al beneficiario a la vez que empobrecen al tomador y, por ello, han de ser calificadas como donaciones inter vivos indirectas, lo cual implica que han de ser colacionadas. Al mismo tiempo, sostiene la autora que «cuando el importe de las primas sea inferior al capital asegurado, el heredero forzoso que tenga la condición de beneficiario deberá colacionar la totalidad del importe de las primas. Pero si el importe de las primas es superior al capital asegurado, creemos que la suma a colacionar no podrá superar la suma que perciba el asegurado». Tal argumento se sostiene en la aplicación del artículo 1047 CC, y puede estimarse que esta es la posición que puede considerarse mayoritaria[170]. Consiguientemente, hay que colacionar el valor de las primas limitado al capital asegurado percibido por el beneficiario-legitimario, pues si se optara por colacionar el total de las primas sin limitación alguna, cuando estas excedieran el importe de la suma asegurada el beneficiario se vería obligado, en la práctica, a renunciar al capital para evitarse un perjuicio en la partición. Todavía más certera se muestra González Pacanowska[171], quien considera que en el seguro de vida «no

---

169. CALLEJO RODRÍGUEZ, «El pago de la suma asegurada», pp. 14-15.
170. Así, también, entre otros, SARMIENTO RAMOS, J., art. 1035, en Ministerio de Justicia, *Comentario del Código Civil*, t. 1, Madrid, 1991, p. 2436; pero quien más se ha extendido en la argumentación es GARCÍA-RIPOLL MONTIJANO, M., «El fundamento de la colación hereditaria y su colación», *Anuario de Derecho Civil*, 1995, p. 1105 ss, esp. p. 1129 ss, y *La colación hereditaria*, Madrid, 2002, p. 74 ss; y tras él, reconociendo expresamente el mérito de su aportación, BADENAS CARPIO, J.M., *La dispensa de la colación*, Cizur Menor, 2009; DÍEZ-PICAZO/GULLÓN, *Sistema*, IV-2, p. 276; LETE ACHIRICA, J., LLOBET AGUADO, J., «Partición (II): Comunidad hereditaria en Cataluña», en Gete-Alonso (dir.), *Tratado de derecho de sucesiones*, II, p. 2593.
171. GONZÁLEZ PACANOWSKA, I., art. 1257, en Albaladejo, M., Díaz Alabart, S. (dir.), *Comentarios al Código Civil y Compilaciones Forales*, t. XVII-1º.A, Madrid,

es el capital que recibe el beneficiario, sino el importe de las primas, lo que, en todo caso, será susceptible de reducción o colación o sujeto a la acción del acreedor del tomador del seguro. Mas no parece necesario que la solución deba generalizarse en otros casos de atribución *donandi causa* al tercero; es decir, respecto de acreedores y legitimarios del estipulante quizá no se trate de considerar exclusivamente lo que este entregó al promitente (...), sino la medida en la que el patrimonio del estipulante disminuye o no se incrementa por estipular el cumplimiento de la prestación a favor de tercero».

De otra opinión se muestra Domínguez Luelmo[172]. Para él, además del argumento que ofrece el art. 88 LCS en el sentido de que el beneficiario sí se enriquece, pero ese enriquecimiento proviene de la entidad financiera/aseguradora, es dudoso que pueda hablarse de un *animus donandi* del tomador tratándose de un negocio oneroso; por otra parte, el beneficiario puede ser modificado y no ser el mismo que cuando se aportó la prima; y, en definitiva, el beneficiario no recibe ninguna liberalidad del causante. Por lo tanto, su parecer es contrario a la colacionabilidad.

Con todo, debe notarse que los autores contemplan el seguro de vida, en que, en efecto, la diferencia entre el importe de las primas y el capital puede ser muy destacado, mientras que en el seguro de renta vitalicia la prima y el capital asegurado son prácticamente coincidentes.

2. EL FUNDAMENTO DE LA COLACIÓN Y EL SEGURO DE RENTA VITALICIA

Ante esta disparidad de opiniones, hay que tener en cuenta cuál es el fundamento de la colación en el Código Civil. Un

---

1993, pp. 400-401. Aprueba su postura García-Ripoll Montijano, *La colación hereditaria*, p. 189.

172.   Domínguez Luelmo, A., art. 1035, en Cañizares/De Pablo/Orduña/Valpuesta (dir.), *Código Civil*, III, pp. 1652-1653.

sector doctrinal ha defendido con profusión de argumentos que el fundamento de la colación es la igualación de los descendientes legitimarios en el momento de realizar la partición[173]. De ahí que algún autor, por razón de este fundamento, entienda que la dispensa de la colación debe interpretarse estrictamente y exija un acto *ad hoc* para la dispensa[174]. Si se aplican estas ideas al contrato de seguro de renta vitalicia, se observa que lo cierto es que el tomador ha querido tratar desigualmente a sus descendientes legitimarios instituidos herederos cuando ha nombrado a alguno o solo a algunos beneficiarios, lo que bien puede entenderse como una voluntad contraria a la colación de la prima. Debe recordarse que el tomador puede limitarse a designar los beneficiarios remitiéndose a la institución o instituciones de herederos que haya efectuado en su testamento[175]. Si el tomador causante designa como beneficiarios, por ejemplo, a «los herederos», habiendo otorgado testamento en que instituye herederos a sus hijos por partes iguales, es palmaria su voluntad de reparto igualitario de todos sus bienes a su fallecimiento. Inversamente, cuando no hay coincidencia entre los herederos-legitimarios y los beneficiarios, no es difícil deducir la voluntad de desigualarles. Y, pese a que el art. 1036 CC señala que el donante debe excluir la colación «expresamente», la voluntad contraria a la colación puede ser tácita en atención a las circunstancias del caso[176]. Incluso desde la defensa de una interpretación restrictiva de la dispensa de la colación se termina por admitir que «habrá que considerarse dispensa expresa cualquier disposición que, por su misma naturaleza, excluya el valor de lo donado del caudal partible entre los coherederos legitimarios. Por ejemplo, mejo-

---

173. Por ejemplo, ALBALADEJO, *Curso*, V, p. 189.

174. GARCÍA-RIPOLL MONTIJANO, «El fundamento de la colación», pp. 1141 y 1182 ss.

175. *Supra sub* apartado 6 del capítulo segundo.

176. DOMÍNGUEZ LUELMO, A., art. 1036, en Cañizares/De Pablo/Orduña/Valpuesta (dir.), *Código Civil*, III, p. 1662; GAGO SIMARRO, *Las donaciones*, p. 134 ss, con ulteriores referencias.

ra, imputación al tercio libre; o inclusión de lo donado en el lote del donatario, en el caso de partición por el testador»[177]. La misma *ratio* concurre en el seguro de renta vitalicia. El tomador segrega una parte de su patrimonio mediante la aportación de la prima única y puede decidir —con los cambios que desee en la designación— quién sea el beneficiario del capital asegurado que se obliga a pagar la entidad financiera/aseguradora. Cuando decide, pudiendo optar por la igualdad, que los beneficiarios no sean por partes iguales aquellos a quienes nombra herederos, meridianamente está excluyendo el trato igualitario entre ellos en su sucesión. Por otra parte, el capital asegurado se percibe al fallecimiento del causante, por lo que solo forzadamente, en vistas a la complejidad del contrato, podría defenderse una voluntad de anticipar la herencia.

En derecho catalán, la no colacionabilidad de la prima cuenta con el refuerzo argumental del antes mencionado cambio de criterio legislativo y la evidencia de que solo deben colacionarse aquellas atribuciones efectuadas por el causante que sean imputables a la legítima o que expresamente el causante haya declarado colacionables en el momento de otorgar el acto[178].

---

177. García-Ripoll Montijano, «El fundamento de la colación», p. 1189.
178. La tradición jurídica catalana no responde a un modelo de trato igualitario entre los descendientes, como ha puesto de relieve Lamarca Marquès, A., «Col·lació de donacions i successió en Dret català», *La Notaria*, 2011/1, p. 44 ss. Según este autor, en la tradición jurídica catalana la obligación de colacionar solo existía para aquellas donaciones realizadas en cumplimiento de una obligación de los ascendientes para con los descendientes, porque en tal caso se entendía que los bienes habían salido forzosamente del patrimonio del causante, debiendo ser reintegrados contablemente en el momento de la partición (art. 464-17, en Egea/Ferrer (dir.), *Comentari*, p. 1662); todavía, en esta línea, la STSJC 1/2014, de 2 de enero, Roj: STSJ CAT 3/2014, FD 7, consideraba que la colación está inspirada en la libertad de testar y, por tanto, lo único que persigue es que no se sustraigan del caudal hereditario aquellos bienes que el causante hubiese querido que se distribuyesen entre los herederos. En cambio, la más reciente STSJC 37/2019, de 20 de mayo, Roj: STSJ CAT 4065/2019, FD 2.2), comparte la idea de que la colación descansa sobre la idea de que el causante quiere la igualdad entre quienes ha instituido herederos en el momento de partir la herencia, de modo que las atribuciones que les ha realizado en vida son

En el capítulo anterior se ha justificado que no debe imputarse automáticamente a la respectiva legítima. Pero es que, además, la mecánica del seguro de renta vitalicia, contratado habitualmente mediante formularios predispuestos por la entidad financiera/aseguradora, ni es el instrumento idóneo formalmente, ni tampoco es un acto en que intervenga el beneficiario con el tomador. El TSJ de Cataluña sigue esta misma línea, por cuanto considera que la colación de la prima solamente puede fundamentarse en que la voluntad del causante fuera contraria a la desigualdad entre los coherederos legitimarios. Es el caso de la sentencia citada 1/2014, en que la tomadora-causante no hizo mención, al otorgar el testamento, de la existencia del seguro de renta vitalicia, de cuyo capital asegurado designó como beneficiaria a una de sus hijas, excluyendo a tres de sus hijos. Al plantearse el Tribunal la posibilidad de colacionar la prima, argumenta que «el precepte legal esmentat [art. 464-17 CCCat] només exigeix col·lacionar les atribucions fetes intervius a títol gratuït en concepte de legítima o imputable a la mateixa, o quan el causant hagi establert expressament que siguin col·lacionables, exigència que no concorre en cap cas en el contracte bancari en discussió». Según el Tribunal, al designar como beneficiaria del seguro de renta vitalicia únicamente a una de sus hijas —teniendo más hijos que reunían la cualidad de legitimarios— y no mencionar tal hecho en el testamento otorgado con posterioridad, hay que interpretar que la voluntad de la testadora no fue la de repartir equitativamente la herencia entre sus hijos. Siendo la colación una operación de corrección de desequilibrios que se aplicaría solamente en el caso de que la voluntad fuera la igualdad en el reparto de las cuotas hereditarias, estima el Tribunal que en el caso enjuiciado no procede la colación de la prima. Ha ratificado la no colacionalibilidad en la sentencia 26/2023, de 27 de abril[179].

---

meros anticipos que deben tenerse en cuenta y deducirse de cada lote particional.
179.   Roj: STSJ CAT 5364/2023.

La misma idea vale para los otros ordenamientos civiles autonómicos en que la obligación de colacionar no se presume y se exige que conste la voluntad de igualar en el mismo acto de liberalidad, lo que por otra parte tratándose del seguro de renta vitalicia parece complicado por el uso habitual de formularios rígidos. Tal sería el caso en Navarra (ley 332 FN), Aragón (art. 362 CFA)[180] o Vizcaya (art. 59.2 LDCV).

---

180. Véase sobre la no presunción de colación en derecho aragonés MERINO Y HERNÁNDEZ, J.L., «Colación e inoficiosidad de donaciones en derecho aragonés», en *Estudios de derecho civil en homenaje al Profesor Dr. José Luis Lacruz Berdejo*, vol. II, Barcelona, 1993, p. 1759.

CAPÍTULO VI

LA SUCESIÓN CONTRACTUAL Y EL SEGURO DE RENTA VITALICIA

1. INTRODUCCIÓN

La contratación de un seguro de renta vitalicia plantea una problemática específica cuando la sucesión del tomador es contractual. La razón estriba en que hay modalidades de sucesión contractual en que una de las partes, o un tercero, es instituido heredero. En atención al carácter irrevocable del pacto sucesorio, la institución contractual de heredero atribuye esta condición, con lo que, aunque no haya transmisión de los bienes de presente, adquirirá los bienes de la herencia al fallecimiento del heredante o instituyente (art. 431-18 y 19 CCCat, 385 y 386 CFA, 11 y 13 (Mallorca y Menorca) y 51 (Ibiza y Formentera) de la Ley 8/2022, de 11 de noviembre, de sucesión voluntaria paccionada o contractual de las Illes Balears, ley 178 FN, art. 77-78 y 104 y 105 LDCV). En este esquema, el seguro de renta vitalicia constituye un elemento anómalo. La aportación que realiza el tomador en forma de prima única supone una extracción del patrimonio hereditario que debe recibir el instituido al fallecimiento de aquel que lo disminuye. Por consiguiente, es imprescindible que el representante de la entidad financiera/aseguradora se cerciore de si el tomador ha otorgado con anterioridad un heredamiento o un pacto sucesorio de institución de heredero. No hacerlo puede desembocar en un importante conflicto sucesorio, pues es susceptible de constituir un acto en fraude del heredamiento (art. 431-25.4 CCCat, 19 y 69.2 Ley balear 8/2022).

Si el tomador ha otorgado un pacto sucesorio de institución de heredero y desea contratar un seguro de renta vitalicia, no hay más cuestión si el beneficiario lo es el propio instituido. Sin embargo, no basta con que coincidan el instituido y el beneficiario. En atención al carácter irrevocable del pacto sucesorio, la designación del beneficiario debe ser igualmente irrevocable, del modo que se ha indicado con anterioridad[181]. Adicionalmente la irrevocabilidad de la designación debería aparecer conectada con la del pacto sucesorio, en el sentido de que, si concurriera alguna de las causas de revocación legal o convencional del pacto sucesorio, no solo cupiera revocar el heredamiento, sino también la designación. Ello podría conseguirse haciendo constar en la póliza del seguro de renta vitalicia la existencia de un pacto sucesorio previo al que se vincula la designación del beneficiario. La dificultad estriba en los formularios rígidos que utilizan las entidades financieras/aseguradoras; como ya se ha indicado, es necesario que las entidades flexibilicen estos formularios para que permitan la constancia de muchos más datos y estipulaciones y ganen así en riqueza de contenido que evite, aunque sea en parte, la conflictividad más común que genera este producto financiero y de ahorro.

Si, por el contrario, el beneficiario designado no es el heredero instituido contractualmente, hay un abanico de posibilidades legales en función del concreto derecho civil aplicable.

---

181. *Supra sub* capítulo tercero, apartado 2. Expresa dudas de encaje con la LCS PRATDESABA RICART, R., «La utilidad de los *will substitutes* como instrumentos de protección de personas vulnerables», en Tarabal Bosch (dir.), *Previsión y transmisión intergeneracional,* pp. 209-210.

2. DERECHO CIVIL DE CATALUÑA

El derecho civil de Cataluña contempla los pactos sucesorios de institución de heredero y de atribución particular. En relación con los primeros, permite al heredante reservarse bienes para disponer de ellos en testamento, codicilo, memoria testamentaria, donación o en otro pacto sucesorio. Así lo prevé el art. 431-22.1 CCCat, que se refiere a la reserva de bienes, cantidades de dinero o una parte alícuota de su patrimonio. Por la generalidad con que se manifiesta el precepto, y en particular por la mención del testamento y del codicilo, instrumentos en que expresamente se contempla la designación de beneficiarios de seguros de vida (art. 421-23 CCCat), hay que concluir que no hay obstáculo para la contratación de un seguro de renta vitalicia con libre designación de beneficiario si el importe de la prima única que aporta como tomador no excede de la cantidad que se reservó para disponer. Téngase en cuenta que, conforme al art. 431-22.3 CCCat, «las disposiciones por causa de muerte posteriores al heredamiento solo son eficaces si el heredamiento era preventivo o en la medida en que lo permita la reserva para disponer»; aunque el seguro de renta vitalicia no pueda calificarse como disposición causa de muerte, por razón del efecto *post mortem* que genera —el capital asegurado debe entregarse al beneficiario a la muerte del tomador—, la *ratio* de esta norma es perfectamente aplicable.

Pero puede suceder que el tomador no se reservara bienes para disponer, o que el importe de la prima aportada al seguro de renta vitalicia exceda de los bienes reservados. En tal caso, hay que estar a la norma específica el art. 431-25.3 fin, que detalla que la misma limitación que rige para los actos dispositivos a título gratuito que pretenda realizar el heredante, esto es, la necesidad de obtener el consentimiento expreso del heredero, se aplica a negocios onerosos como el establecimiento de censos, censales y rentas vitalicias. Antes se ha trazado el paralelismo entre censal y seguro de renta vitalicia[182], de modo que la *ratio* del precepto es la misma, en la medida en que la aportación del capital al contrato para obtener una renta supone, de entrada, la disminución del patrimonio hereditario, aunque sea en vistas a percepciones futuras[183]. La sanción a la falta de consentimiento del heredero instituido se encuentra en el artículo 431-25.4 CCCat, que establece que «el heredero instituido puede impugnar los actos dispositivos en la medida en que puedan considerarse otorgados en daño o en fraude del heredamiento, incluso en vida del heredante». Se trata de una garantía[184] del heredamiento y de la eficacia de este, que evita que, por medio de otros negocios, el heredante pueda vaciar de contenido económico la institución de heredero contractual. Caben dos posibilidades. La primera es que el heredero instituido contractualmente consienta de forma expresa la contratación de un seguro de renta vitalicia (art. 431-24.3 CCCat). En tal caso, con independencia de quién sea designado beneficiario y del importe de la prima, el hecho de consentir otorga plena eficacia al acto del heredante, que solo podrá ser impugnado si ha concurrido algún vicio de la voluntad en ese consentimiento del heredero. La segunda posibilidad es que el heredero no consienta o simplemente ignore la contratación del seguro de renta vitalicia.

---

182. *Supra sub* capítulo primero.
183. Apunta MARSAL GUILLAMET, J., en Badosa Coll, F. (dir.), *Manual de dret civil català*, Barcelona, 2003, p. 737, que la finalidad de la exclusión es proteger la futura adquisición del heredado, por lo que se impide que el heredante mengüe su patrimonio; lo mismo dice LÓPEZ BURNIOL, J.J. art. 80, en L. Jou i Mirabent (coord.), *Comentarios al Código de Sucesiones de Cataluña*, t. 1, Barcelona, 1994, p. 369, refiriéndose a que el legislador impide los actos dispositivos que erosionen el patrimonio familiar. PUIG FERRIOL, en Puig Ferriol/Roca Trias, *Institucions*, III, p. 491, advierte que, puesto que el precepto no distingue, vale tanto para las rentas vitalicias onerosas como las gratuitas, e incluso cualquier acto dispositivo aleatorio, aunque no se denomine renta vitalicia, porque concierne a la categoría general de las «rentas vitalicias».
184. DEL POZO CARRASCOSA, P., «Pactos sucesorios en Cataluña», en Gete-Alonso (dir.), *Tratado de sucesiones*, I, p. 1388.

En este segundo supuesto, el art. 431-25.4 CCCat faculta al heredero para impugnar el acto del heredante. El artículo le faculta, incluso, para impugnar en vida del heredante, sin tener que aguardar a su fallecimiento. La impugnación cabe si el acto dispositivo —el seguro de renta vitalicia ciertamente lo es, pues el tomador se desprende de bienes de su propiedad, la cantidad de dinero que aporta como prima— se ha realizado «en perjuicio» o «en fraude» del heredamiento. Como dice la jurisprudencia, no tendría sentido que el heredante pudiera disponer de sus bienes y convertir en meramente ilusorio el heredamiento (STSJC 12/1999, de 27 de mayo)[185]. «En perjuicio» supone un acto que, objetivamente, es perjudicial para el heredamiento, en la medida en que mengua el patrimonio heredable; todos los actos a título gratuito lo son, salvo que su cuantía sea escasa o adecuada a los usos sociales. En el caso del seguro de renta vitalicia, por ser un contrato oneroso que implica un desplazamiento patrimonial —la prima—, habitualmente será perjudicial. Basta un simple cálculo matemático consistente en detraer el importe total percibido mediante rentas del importe de la prima abonado al momento de contratar. Si el resultado es positivo, ha habido perjuicio, y el negocio es impugnable. Si el resultado es igual a cero o negativo, no existe perjuicio alguno, de modo que no cabe impugnar. En el primer supuesto, al estar construida la protección del heredamiento sobre la noción de perjuicio, la protección se consigue con una acción de inoponibilidad del acto perjudicial, actualmente regulada en el art. 531-14 CCCat, una acción que no está sometida a un plazo concreto de prescripción o caducidad, sino que, por su finalidad de protección del derecho del impugnante, tiene el mismo plazo que el derecho que funda la pretensión[186]. Adicionalmente, si concurre el elemento subjetivo del fraude, que deberá ser acreditado por el impugnante en

---

185. Roj: STSJ CAT 5105/1999.
186. Véase las STSJ Cataluña 37/2009, de 28 de septiembre, Roj: STSJ CAT 9455/2009, que cita las anteriores de 30.1.2000 y 28.2.2005, y VAQUER ALOY, A., «Inoponibilidad y acción pauliana (La protección de los acreedores del donante

el caso del seguro de renta vitalicia por su naturaleza onerosa, el heredero también puede accionar, ahora en el plazo de caducidad de cuatro años, en vida del heredante a contar desde la realización del acto o a su fallecimiento desde ese momento, según conviene la doctrina[187].

Si el heredamiento es cumulativo, el heredero adquiere todos los bienes presentes del heredante (art. 432-19.2 CCCat), con lo que pierde el poder de disposición sobre ellos y no cabrá que contrate un seguro de renta vitalicia, pues tal negocio resulta impugnable por falta de capacidad para disponer.

2. DERECHO BALEAR

En el derecho de las islas de Mallorca y Menorca, el «donante» puede reservarse bienes para disponer, conforme al art. 15 Ley 8/2022, y si la prima del seguro de renta vitalicia no excede de esta reserva, su contratación no es impugnable, siempre que «no resulte la alteración del carácter lucrativo y universal que tiene el negocio jurídico sucesorio denominado donación universal»[188]. En el caso del derecho de Ibiza y Formentera, se distinguen los pactos sucesorios de institución de heredero con o sin transmisión actual de bienes; si hay transmisión actual,

---

en el art. 340.3 de la Compilación del Derecho Civil de Cataluña)», *Anuario de Derecho Civil*, 1999, pp. 1491-1570.

187. Argumento art. 621-48 y STSJC 30 de enero de 1992, *Jurisprudència civil del Tribunal Superior de Justicia de Catalunya 1989-1992*, Barcelona 1994, p. 573; Del Pozo/Vaquer/Bosch, *Derecho de sucesiones*, p. 328; Puig Ferriol, en Puig Ferriol/Roca Trias, *Institucions*, III, p. 495; Abril Campoy, J.M., art. 431-25/28, en Egea/Ferrer, *Comentari*, pp. 1168-1169.

188. Como dice Paniza Fullana, A., «Una primera aproximación a la Ley de sucesión voluntaria paccionada o contractual de las Illes Balears», *Revista Jurídica de les Illes Balears*, 2023, nº 23, p. 189, «siempre que no se altere la propia naturaleza del negocio jurídico de donación universal», esto es, de la institución de heredero. Accesible en https://revistajuridicaib.icaib.org/una-primera-aproximacion-a-la-ley-de-sucesion-voluntaria-paccionada-o-contractual-de-las-illes-balears/.

los bienes pasan a ser de titularidad del instituido, perdiendo el poder de disposición, salvo los bienes reservados para disponer (art. 68.2 de la Ley 8/2022), y siendo impugnables los negocios que causen un perjuicio al heredero. El art. 69.2 de la Ley 8/2022 se refiere expresamente a que, pese a conservar la propiedad de los bienes hasta la muerte, el instituyente no podrá disponer «en fraude del heredamiento». La situación es, pues, muy semejante a la que se ha expuesto en relación con el derecho civil de Cataluña.

3. DERECHO FORAL DE ARAGÓN

En derecho foral de Aragón hay que distinguir dos modalidades de pacto sucesorio de institución de heredero: la institución «para después de los días» y la institución de presente. La institución para después de los días supone que el instituido adquiere los bienes una vez que fallece el causante (art. 392 CFA), mientras que en la de presente, el instituido adquiere todos los derechos de que sea titular el instituyente al otorgamiento del pacto, salvo los que se hubiera reservado (art. 389 CFA). En la institución para después de los días, el art. 393 CFA faculta al instituyente para disponer a título oneroso de los bienes objeto de la institución, mientras que, si pretende disponer a título gratuito, debe requerir el consentimiento del heredero instituido, salvo que se trate de liberalidades usuales o de poco valor. Ahora bien, pese a la generalidad con que se manifiesta el art. 393 CFA, los actos realizados a título oneroso por el instituyente mediando fraude sí son impugnables[189]. El concepto de fraude debe interpretarse en el mismo sentido que se ha realizado al tratar del art. 88 LCS en relación con los legiti-

---

189. BAYOD LÓPEZ, M.C., «Pactos sucesorios en Aragón», en Gete-Alonso (dir.), Tratado de sucesiones, I, p. 1340; PALAZÓN VALENTÍN, J., «Los pactos sucesorios: su vigencia hoy y su tratamiento tributario», *Actas de los Vigesimonovenos Encuentros del Foro de Derecho Aragonés*, Zaragoza, 2020, p. 17.

marios[190], es decir, en el sentido de que, si el seguro de renta vitalicia perjudica al instituido, podrá ser impugnado. Si el acto es a título gratuito y no se obtiene el consentimiento del instituido, el acto es anulable desde que se tenga conocimiento del acto o, si se desconoce, desde el fallecimiento del causante[191].

Si se trata de la institución de heredero de presente, dispone el art. 390 CFA que, «salvo pacto en contrario, el poder de disposición sobre los bienes que le hayan sido transmitidos corresponde al instituido, con las limitaciones establecidas». Por consiguiente, salvo que hayan pactado otra cosa en la institución, como que pueda disponer de ciertos bienes, el instituyente carece de poder de disposición sobre los bienes[192], de modo que no cabrá que contrate un seguro de renta vitalicia. Para ello, es imprescindible que el representante de la entidad financiera/aseguradora se asegure de que el tomador no ha otorgado ningún pacto sucesorio de institución de heredero de presente, pues, al carecer de poder de disposición el tomador, el seguro sería impugnable por dicha razón.

4. DERECHO NAVARRO

El derecho foral de Navarra contempla también dos modalidades de pacto sucesorio: con o sin transmisión actual de bienes (ley 180). Si no hay transmisión actual de bienes y únicamente se confiere la cualidad de heredero contractual y el instituyente conserva hasta su muerte la propiedad de los bienes, si bien no podrá disponer de ellos a título gratuito sin el

---

190. *Supra sub* capítulo cuarto, apartado 2.3

191. Bayod López, «Pactos sucesorios en Aragón», p. 1340. El consentimiento puede ser previo o posterior al acto, señala Gil Nogueras, L.A., «De la sucesión paccionada», en J.L. Merino Hernández (coord.), *Manual de derecho sucesorio aragonés*, Zaragoza, 2006, p. 221.

192. Bayod López, C., «La sucesión paccionada», en Bayod López, C., Serrano García, J.A. (coord.), *Manual de derecho foral aragonés*, Zaragoza, 2020, pp. 676-677.

consentimiento del instituido, salvo la genérica excepción de que la disposición se lleve a cabo en fraude del nombramiento contractual pactado[193]. De nuevo el fraude debe entenderse en el sentido objetivo de perjuicio por el impacto de la aportación de la prima en la integridad del patrimonio del instituyente. Siendo el seguro de renta vitalicia un negocio oneroso, y de acuerdo con la doctrina, que opina que la norma no establece ningún tipo de limitación para el instituyente para disponer a título oneroso[194], no hay restricción en derecho navarro para contratar este producto.

Si el pacto sucesorio es con transmisión actual de bienes, el instituyente podrá reservarse la facultad de disponer por cualquier título o solo a título oneroso. Si no hay reserva, el causante ha perdido la facultad de disponer, por lo que la contratación de un seguro de renta vitalicia será impugnable. Si se ha reservado la facultad de disponer, hay que atender a esa reserva. Como ya se ha repetido, pese al carácter oneroso del seguro de renta vitalicia, habrá que atender al alcance de la reserva, pues se dice que es común establecer previsiones de libre disposición para seguros y rentas vitalicias[195]. Por lo tanto, el representante de la entidad financiera/aseguradora debe cerciorarse de si el tomador ha otorgado un pacto sucesorio con anterioridad a la contratación del producto y atender al contenido del pacto.

5. DERECHO CIVIL VASCO

El derecho civil vasco admite igualmente dos modalidades de pacto sucesorio a título universal: con transmisión de presente y con transmisión diferida. Si el pacto es con transmisión

---

193. Nagore Yarnoz, J., ley 179, en Albaladejo, M., Díaz Alabart, S. (dir.), *Comentarios al Código Civil y Compilaciones Forales*, Madrid, 1998, p. 268.
194. Luquín Bergareche, R., «Pactos sucesorios en Navarra», en Gete-Alonso (dir.), *Tratado de derecho de sucesiones*, I, p. 1462.
195. Luquín Bergareche, «Pactos sucesorios en Navarra», p. 1464.

de presente, el instituyente pierde su autonomía para disponer de los bienes y requiere del consentimiento del instituido. Si este es el caso, para contratar con plena validez el seguro de renta vitalicia, deberá obtener el consentimiento del instituido, según resulta del art. 104.1 LDCV. De nuevo es imprescindible la comprobación de si el tomador ha otorgado un pacto sucesorio. Si el pacto es de transmisión diferida, el instituyente solo puede disponer a título oneroso (art. 105.2 LDCV)[196]. Siendo un contrato oneroso, podría pensarse que el instituyente podría libremente contratar seguros de renta vitalicia y designar un beneficiario cualquiera, aunque no fuera el instituido. Sin embargo, la doctrina admite que, pese al silencio del legislador, cabe aplicar la noción de fraude al pacto sucesorio, que legitimaría al instituido para impugnar el acto en atención a sus concretas circunstancias[197]. Por ello, y a salvo de los pactos a que hayan llegado las partes en el otorgamiento, el seguro de renta vitalicia con designación de un beneficiario que no es el instituido supone romper la integridad del patrimonio del causante que legítimamente aquel podía esperar recibir al fallecimiento de este, por lo que cabe impugnar el contrato por fraude en los términos objetivos de perjuicio referidos con anterioridad.

---

196.   IMAZ ZUBIAUR, L., «La sucesión paccionada», en Gil Rodríguez, J., Galicia Aizpurúa, G. (dir.), *Manual de derecho civil vasco,* 2ª ed., Barcelona, 2023, p. 352.
197.   IMAZ ZUBIAUR, L., *La sucesión paccionada en el Derecho Civil Vasco*, Madrid-Barcelona, 2006, pp. 460-461.

BIBLIOGRAFÍA

ABRIL CAMPOY, J.M., art. 431-25/28, en Egea Fernández, J., Ferrer Riba, J., (coord.), *Comentari al llibre quart del Codi civil de Catalunya, relatiu a les successions*, Barcelona, 2012

ACOSTA MÉRIDA, M. del P., *Seguro de vida y derecho de sucesiones*, Madrid, 2005

ALBALADEJO, M., *Derecho civil*, II, Madrid, 14ª ed., 2011

ALBALADEJO, M., *Curso de Derecho Civil V. Derecho de Sucesiones*, Madrid, 10ª ed., 2013

ALBIEZ DOHRMANN, K.J., *Disposiciones patrimoniales en vida para después de la muerte,* Santiago de Chile, 2019

ALONSO PÉREZ, M., «La colación de las donaciones remuneratorias», *Revista Crítica de Derecho Inmobiliario*, nº 461, julio-agosto, 1967, p 1017 ss

ÁLVAREZ LATA, N., «Algunas cuestiones sobre el contenido atípico del testamento», *Anuario da Facultade de Dereito da Universidade da Coruña*, nº 6, 2002, p. 113 ss

ANDERSON, M., «Conseqüències successòries de la nul·litat de donacions dissimulades sota escriptura de compravenda. Comentari a la STSJC, Sala Civil i Penal, 19.5.2008 (MP: Ma Eugènia Alegret Burgués)», *InDret*, 4/2009

BADENAS CARPIO, J.M., *La dispensa de la colación*, Cizur Menor, 2009

BADOSA COLL, F. (dir.), *Manual de dret civil català*, Barcelona, 2003

BAYOD LÓPEZ, M.C., «Pactos sucesorios en Aragón», en Gete-Alonso y Calera, M.C. (dir.), *Tratado de derecho de sucesiones,* I, Cizur Menor, 2011

BAYOD LÓPEZ, C., «La sucesión paccionada», en Bayod López, C., Serrano García, J.A. (coord.), *Manual de derecho foral aragonés,* Zaragoza, 2020

BOLDÓ RODA, C., art. 84 ss, en Boquera Matarredona, J., Bataller Grau, J., Olavarría Iglesia, J. (coords.), *Comentarios a la ley del contrato de seguro*, Valencia, 2002

CALLEJO RODRÍGUEZ, C., *El seguro de vida para caso de muerte: Cuestiones actuales de Derecho Civil*, Madrid, 2005

CÁMARA LAPUENTE, S., *La fiducia sucesoria secreta*, Madrid, 1996

CÁMARA LAPUENTE, S. (coord.), MARTÍNEZ DE AGUIRRE ALDAZ, C., DE PABLO CONTRERAS, P., PÉREZ ÁLVAREZ, M.Á., *Curso de derecho civil (V). Derecho de sucesiones*, 2ª ed., Madrid, 2022

CANTERO NÚÑEZ, F.J., PARDO GARCÍA, H.R., «Acerca de la designación de beneficiario de un seguro de vida desde la óptica del derecho de sucesiones», *Revista de Derecho Privado*, 1996, p. 639 ss

CAPILLA RONCERO, F., art. 819, en Cañizares Laso, A., de Pablo Contreras, P., Orduña Moreno, J., Valpuesta Fernández, R. (dir.), Código Civil comentado, III, Cizur Menor, 2011

CARDONA GUASCH, O.P., «Los pactos sucesorios en la Compilación de Derecho Civil de las Illes Balears», en Gete-Alonso y Calera, M.C. (dir.), *Tratado de derecho de sucesiones*, I, Cizur Menor, 2011

CERVANTES JIMÉNEZ, Á.L., art. 531-21 CCCat, en Decanato Autonómico de los Registradores de Cataluña, *Derechos reales*, Barcelona, 2008

CONDOMINES VALLS, F. de A., «Formas nuevas de sucesión en la vida jurídica moderna», en *Conferències de Dret civil, mercantil i fiscal. Reedició dels cicles 1941-1954*, Barcelona, 2011

DE BARRÓN ARNICHES, P., «*Will substitutes* y derechos familiares sucesorios», en Tarabal Bosch, J. (dir.), *Previsión y transmisión intergeneracional del patrimonio al margen de la sucesión,* Madrid-Barcelona-Buenos Aires-Sao Paulo, 2022

DE CASTRO Y BRAVO, F., *Derecho civil de España*, Madrid, 1984

DEL POZO CARRASCOSA, P., «Pactos sucesorios en Cataluña», en Gete-Alonso y Calera, M.C. (dir.), *Tratado de derecho de sucesiones*, I, Cizur Menor, 2011

DEL POZO CARRASCOSA, P., VAQUER ALOY, A., BOSCH CAPDEVILA, E., *Derecho Civil de Cataluña. Derecho de sucesiones*, Madrid-Barcelona-Buenos Aires-Sao Paulo, 3ª ed., 2017

DEL POZO CARRASCOSA, P., VAQUER ALOY, A., BOSCH CAPDEVILA, E., *Derecho civil de Catalunya. Derecho de obligaciones y contratos*, 2ª ed., Madrid-Barcelona-Buenos Aires-Sao Paulo, 2021

DÍEZ-PICAZO, L., GULLÓN, A., *Sistema de derecho civil*, vol. I, Madrid, 12ª ed., 2012

DOMÍNGUEZ LUELMO, A., art. 1035 y 1036, en Cañizares Laso, A., de Pablo Contreras, P., Orduña Moreno, J., Valpuesta Fernández, R. (dir.), *Código Civil comentado*, III, Cizur Menor, 2011

DOMÍNGUEZ LUELMO, A., ÁLVAREZ ÁLVAREZ, H., *Manual de Derecho civil. Vol. VI. Derecho de sucesiones,* Las Rozas (Madrid), 2021

ESPADA MALLORQUÍN, S., *La designación de la pareja de hecho como beneficiaria en los seguros de vida,* Fundación Mapfre, 2009

ESPEJO LERDO DE TEJADA, M., art. 1035, en Bercovitz, R. (coord.), *Comentarios al Código civil*, 5ª ed., Cizur Menor, 2021, p. 1321 ss

FENOY PICÓN, N., *Dolo, ventaja injusta y rescisión por lesión en los contratos,* Madrid, 2023

GAGO SIMARRO, C., *Las donaciones en la sucesión hereditaria,* Cizur Menor, 2021

GARCÍA RUBIO, M.P., *La distribución de toda la herencia en legados Un supuesto de herencia sin heredero*, Madrid, 1989

GARCÍA-RIPOLL MONTIJANO, M., «El fundamento de la colación hereditaria y su colación», *Anuario de Derecho Civil*, 1995, p. 1105 ss

GARCÍA-RIPOLL MONTIJANO, M., *La colación hereditaria*, Madrid, 2002

GARY, S.N, «Applying Revocation-on-Divorce Statutes to Will Substitutes», 18 *The Quinnipac Probate Journal*, 2004, p. 83 ss

GETE-ALONSO y CALERA, M.C., *Estructura y función del tipo contractual*, Barcelona, 1979

GILI SALDAÑA, M., art. 421-23, en Egea Fernández, J., Ferrer Riba, J., (coord.), *Comentari al llibre quart del Codi civil de Catalunya, relatiu a les successions*, Barcelona, 2012

GÓMEZ CALLE, E., art. 770, en Cañizares Laso, A., de Pablo Contreras, P., Orduña Moreno, J., Valpuesta Fernández, R. (dir.), *Código Civil comentado*, III, Cizur Menor, 2011

GONZÁLEZ PACANOWSKA, I., art. 1257, en Albaladejo, M., Díaz Alabart, S. (dir.), *Comentarios al Código Civil y Compilaciones Forales*, t. XVII-1°.A, Madrid, 1993

GORDILLO CAÑAS, A., art. 769 y 770, en Ministerio de Justicia, *Comentario del Código Civil*, I, Madrid, 1991

HERRERO OVIEDO, M., art. 762, en Cañizares Laso, A., de Pablo Contreras, P., Orduña Moreno, J., Valpuesta Fernández, R. (dir.), *Código Civil comentado*, III, Cizur Menor, 2011

IMAZ ZUBIAUR, L, La sucesión paccionada en el Derecho Civil Vasco, Madrid-Barcelona, 2006

IMAZ ZUBIAUR, L., «La sucesión paccionada», en Gil Rodríguez, J., Galicia Aizpurúa, G. (dir.), *Manual de derecho civil vasco*, 2ª ed., Barcelona, 2023

LACRUZ BERDEJO, J.L., *et al*, *Elementos de Derecho civil, Parte General, t. I, Introducción*, 3ª ed. revisada y puesta al día por J. Delgado Echeverría, Madrid, 2002

LACRUZ BERDEJO, J.L., *et al*, *Elementos de derecho civil V. Sucesiones*, 3ª ed. revisada y puesta al día por J. Rams Albesa, Madrid, 2007

LACRUZ BERDEJO, J. L., SANCHO REBULLIDA, F. de A., *Elementos de derecho civil V. Derecho de sucesiones*, Barcelona, 1981

LAMARCA MARQUÈS, A,, «Col·lació de donacions i successió en Dret català», *La Notaria*, 2011/1, p. 44 ss

LAMARCA MARQUÈS, A., art. 464-17, en Egea Fernández, J., Ferrer Riba, J., (coord.), *Comentari al llibre quart del Codi civil de Catalunya, relatiu a les successions*, Barcelona, 2012

LANGBEIN, J.H, «The Nonprobate Revolution and the Future of the Law of Succession», *Harvard Law Review*, 1984, p. 1108 ss

LANGBEIN, J.H., «Destructive Federal Preemption of State Wealth Transfer Law in Beneficiary Designation Cases: Hillman Doubles Down on Egelhoff», *Vanderbilt Law Review,* 2014, p. 1668 ss

LASARTE, C., *Derecho de sucesiones,* Madrid-Barcelona-Buenos Aires-Sao Paulo, 13ª ed., 2018

LESLIE, M.B., STERK, S.E, «Revisiting the Revolution: Reintegrating the Wealth Transmission System», Benjamin N. Cardozo School of Law · Yeshiva University Jacob Burns Institute for Advanced Legal Studies (July 2014) Faculty Research Paper No. 434, (consultable en http://papers.ssrn.com/sol3/ papers. cfm?abstract_id=2460045)

LETE ACHIRICA, J., LLOBET AGUADO, J., «Partición (II): Comunidad hereditaria en Cataluña», en Gete-Alonso y Calera, M.C. (dir.), *Tratado de derecho de sucesiones,* II, Cizur Menor, 2011

LÓPEZ BURNIOL, J.J., art. 80, en Jou i Mirabent, L. (coord.), *Comentarios al Código de Sucesiones de Cataluña,* t. 1, Barcelona, 1994

LUQUÍN BERGARECHE, R., «Pactos sucesorios en Navarra», en Gete-Alonso y Calera, M.C. (dir.), *Tratado de derecho de sucesiones,* II, Cizur Menor, 2011

LLÁCER MATACÁS, M.R., art. 423-7, en Egea Fernández, J., Ferrer Riba, J., (coord.), *Comentari al llibre quart del Codi civil de Catalunya, relatiu a les successions,* Barcelona, 2012

MALUQUER DE MOTES BERNET, C.J., art. 273, en Albaladejo, M. (dir.), *Comentarios al Código Civil y Compilaciones Forales,* t. XXIX-3º, Madrid, 1986

MARSAL GUILLAMET, J., *El testament,* Barcelona, 2000

MARTÍNEZ-CORTÉS GIMENO, M.Á., *La fiducia sucesoria aragonesa,* Zaragoza, 2008

MERINO y HERNÁNDEZ, J.L., «Colación e inoficiosidad de do- naciones en derecho aragonés», en *Estudios de derecho civil en homenaje al Profesor Dr. José Luis Lacruz Berdejo,* vol. II, Barcelona, 1993

MIRAMBELL i ABANCÓ, A., art. 427-2, en Egea Fernández, J., Ferrer Riba, J., (coord.), *Comentari al llibre quart del Codi civil de Catalunya, relatiu a les successions,* Barcelona, 2012

MUÑIZ ESPADA, E., «Tratamiento en la herencia del seguro de vida para caso de fallecimiento», *Anuario de Derecho Civil*, Octubre-Diciembre 1995, Tomo 48, Fascículo 4, p. 1633 ss

NAGORE YARNOZ, J., ley 179, en Albaladejo, M., Díaz Alabart, S. (dir.), *Comentarios al Código Civil y Compilaciones Forales*, Madrid, 1998

NAVAS NAVARRO, S., «Assegurança de vida en cas de mort de l'assegurat, composició del cabal hereditari i quantum legitimari (comentari de la sentència de 3 de febrer de 2003 de la secció tercera de l'Audiència Provincial de Tarragona)», *Revista Catalana de Dret Privat*, 2004, Vol. 4, p. 233 ss

NAVAS NAVARRO, S., arts. 441-9, 441-10 y 442-11, en Egea Fernández, J., Ferrer Riba, J., (coord.), *Comentari al llibre quart del Codi civil de Catalunya, relatiu a les successions*, Barcelona, 2012

NIETO ALONSO, A, «La interpretación y calificación como mejora tácita de disposiciones "inter vivos" y "mortis causa"», *Actualidad Jurídica Iberoamericana*, N° 20, febrero 2024, pp. 730 ss.

PALAZÓN VALENTÍN, J., «Los pactos sucesorios: su vigencia hoy y su tratamiento tributario», *Actas de los Vigesimonovenos Encuentros del Foro de Derecho Aragonés*, Zaragoza, 2020, p. 9 ss

PANIZA FULLANA, A., «Una primera aproximación a la Ley de sucesión voluntaria paccionada o contractual de las Illes Balears», *Revista Jurídica de les Illes Balears,* 2023, n° 23 (Revista Juridica de les Illes Balears – Revista Juridica de les Illes Balears (icaib.org))

PARRA LUCÁN, M.Á., «La fiducia Sucesoria», en Delgado Echeverría, J. (dir.), *Manual de derecho civil aragonés*, 2ª ed., Zaragoza, 2006

PRATDESABA RICART, R., «La utilidad de los *will substitutes* como instrumentos de protección de personas vulnerables», en Tarabal Bosch, J. (dir.), *Previsión y transmisión intergeneracional del patrimonio al margen de la sucesión,* Madrid-Barcelona-Buenos Aires-Sao Paulo, 2022

PRATT, D., «Marriage, Divorce, Death, and ERISA», *Quinnipiac Probate Law Journal*, 2018, p. 100-188, 101 ss

PUIG FERRIOL, L., ROCA TRIAS, E., *Fundamentos del derecho civil de Cataluña*, III-2, Barcelona, 1984

PUIG FERRIOL, L., ROCA TRIAS, E., *Institucions del dret civil de Catalunya, Volum III. Dret de Successions*, Valencia, 7ª ed., 2009

RAYMOND, K.P, «Double Trouble - An Ex-Spouse's Life Insurance Beneficiary Status & State Automatic Revocation upon Divorce Statutes: Who Gets What?», 19 *Connecticut Insurance Law Journal*, 2013, p. 399 ss.

REGLERO CAMPOS, F., «Beneficiario y heredero en el seguro de vida», *Revista de Derecho Patrimonial*, 1997, p. 212 ss

REGLERO CAMPOS, F., art. 84, en id. (coord.), *Ley de contrato de seguro: jurisprudencia comentada*, Cizur Menor, 2007

REPRESA POLO, Mª.P., «Los instrumentos de ahorro y previsión: su incidencia sobre la legítima», *Cuadernos de Derecho Privado,* 2022, nº 4, p. 80 ss

RIERA AISA, L., *El llamado derecho propio del beneficiario de un seguro de vida al capital del mismo y las relaciones jurídicas familiares sucesorias y obligacionales del que lo contrató*, Madrid, 1995

ROCA JUAN, J., art. 1035, en Albaladejo, M. (dir.), *Comentarios al Código Civil y Compilaciones Forales*, t. XIV-2º, Madrid, 1989

ROCA-SASTRE MUNCUNILL, L., *Derecho de sucesiones*, t. I, Barcelona, 2ª ed., 1995

RUBIO GARRIDO, T., *Fundamentos del derecho de sucesiones*, Madrid, 2022

SAN JULIÁN PUIG, V., «Capacidad para ser donatario y aceptar», en Egusquiza Balmaseda, M.Á., Pérez de Ontiveros Baquero, C. (dir.), *Tratado de las liberalidades. Homenaje al profesor Enrique Rubio Torrano*, Cizur Menor, 2017, p. 215 ss

SARMIENTO RAMOS, J., art. 1035, en Ministerio de Justicia, *Comentario del Código Civil*, t. 1, Madrid, 1991

SOLIMAN, S., «A Fair Presumption: Why Florida Needs a Divorce Revocation Statute for Beneficiary-Designated Nonpro- bate Assets», 36 *Stetson Law Review*, 2007, p. 397 ss

Tapia Hermida, A.J., «El seguro de vida como instrumento de ahorro y previsión», *Revista Española de Seguros,* Abril-Junio 2006, n° 126, p. 229 ss

Tapia Hermida, A.J., *Derecho Bancario*, Barcelona, 2002

Tapia Hermida, A.J., *Derecho de Seguros y Fondos de Pensiones*, 2ª ed., Barcelona, 2003

Tarabal Bosch, J., «*Will substitutes.* Estado de la cuestión en España», en Tarabal Bosch, J. (dir.), *Previsión y transmisión intergeneracional del patrimonio al margen de la sucesión,* Madrid-Barcelona-Buenos Aires-Sao Paulo, 2022

Tirado Suárez, F.J., art. 84, en Sánchez Calero, F. (dir.), *Ley de contrato de seguro. Comentarios a la Ley 50/1980, de 8 de octubre, y a sus modificaciones*, Cizur Menor, 2010

Toral Lara, E., *El contrato de renta vitalicia*, Madrid, 2009

Torres García, T.F., Domínguez Luelmo, A., «La legítima en el Código Civil», en Torres García, T.F. (coord.), *Tratado de legítimas*, Barcelona, 2012

Vallet de Goytisolo, Juan B., *Estudios de derecho sucesorio. Vol. IV, Computación, imputación, colación*, Madrid, 1982

Vaquer Aloy, A, «From Revocation to Non-Opposability. Modern Developments of the Paulian Action», en MacQueen, H.L., Vaquer, A., Espiau, S. (ed.), *Regional Private Laws and Codification in Europe*, Cambridge, paperback edition, 2007

Vaquer Aloy, A, «La legítima en el derecho civil de Cataluña», en Torres García, T.F. (coord.), *Tratado de legítimas*, Barcelona, 2012

Vaquer Aloy, A, «Testamento, disposiciones a favor del cónyuge y crisis del matrimonio», Anuario de Derecho Civil, 2003, p. 67 ss.

Vaquer Aloy, A, «La protección del testador vulnerable», *Anuario de Derecho Civil,* 2015, p. 327 ss

Veiga Copo, A.B., *Comentarios prácticos a la Ley del contrato de seguro,* Cizur Menor, 2020

Vela Sánchez, A.J., «Claves para la imputación de donaciones y legados en el haber hereditario», *Revista de Derecho Civil,* 2018, p 333 ss

WAGGONER, L. W., «The Creeping Federalization of Wealth-Transfer Law», *Law & Economics Working Papers. Paper 92*, 2013, p. 3 ss (disponible en http://repository.law.umich.edu/law_econ_current/92)

ZURRILLA CARIÑANA, M.Á., art. 627, en Bercovitz Rodríguez-Cano, R. (coord.), *Comentarios al Código civil,* 5ª ed., Cizur Menor, 2021, p. 873 ss